JN227022

はじめに

はじめまして、泉和コーポレーション代表の小林大貴と申します。本書をお手に取っていただき、ありがとうございます。

私は、いわゆる「大家の会」や「不動産投資の会」などに所属していません。自分のノウハウと人脈のみで投資を行ってきた者なので、初めて名前を聞いた方も多いかと思います。そこで、まずは〝私〟という人間をご理解いただければと思いますので、経歴などを少しお話させていただきます。なお、生い立ちや不動産投資を志した理由などは割愛させていただきます。

私、小林大貴は住友不動産の総合職出身、かつ自らも不動産投資家としてRC（鉄筋コンクリート）一棟から築古戸建まで、複数棟の投資物件を運営しています。

現在は不動産投資コンサルタントとして、お客様一人ひとりの目標に沿った不動産投資をサポートする仕事をしています。しかし、本業はあくまでも不動産賃貸経営です。

私が在社していた住友不動産は「日本3大デベロッパー」の1社とされ、私はそこでオフィスビル・マンション・戸建・事業企画など、現場の営業や管理なども含めて様々な経験を積みました。

大手の不動産デベロッパーでは、社員は開発・企画系に特化することが多いのですが、住友不動産は「直接営業」というスタイルをとっており、現場から非常に良い経験を積むことができました。

企画時代に構築したプランで個人の不動産運営の可能性を見出した私は、在社中に収益不動産を購入、自らその運営を行う一方、そのノウハウを他の方にもアレンジできるように変化させ、目標の設定や戦略などといったマーケティング的視点も取り入れ、不動産投資コンサルティングという内容に昇華させました。

私は住友という不動産業界のトップで得た知識と、事業としての小規模不動産活用・企画という経験を積みました。そして、そのプランを自分で実行・展開して、物件探しから賃貸運営現場の泥臭いところまで、実際にやらなければわからない情報も蓄積しました。

私もはじめはサラリーマンという立場でしたが、そこからリスクを冒して何歩か進み、自分の事業計画が実行可能であることを証明しました。さらに、実際にその事業計画を個人で適用しただけでなく、コンサルティングとして提供し、お客様にも成果（利益）を出していただけるようになりました。

このような点が、机上の知識しかない人や、不動産投資の実務しか知らない仲介・管理の方、自分の成功体験しか語れない投資家とは違うところだと思います。

さて、そんな私が本書を執筆しようと思った経緯をお伝えします。

それは、不動産投資界の現状があまりにも不透明で、それを投資家（予備軍）の方々があまりご存知でない、ということに尽きます。

私は不動産に限らず様々な投資関係者との交流や、自らのコンサルタントとしての経験の中で、投資の成功事例をたくさん目にしました。しかし、それ以上に危険な事例も目にしてきました。これらを具体例も交えて詳細に述べようと思ったら、本1冊にはとても収まり切りません。

本書は、不動産投資における失敗や、投資家（予備軍）の方々が陥ってしまいがちな罠に焦点を当てています。それゆえ、投資に当たっての基本的なマインドや用語の解説などは極力省いています。したがって、本書は予め基礎知識やマインドなどを他の書籍や教材で学ばれてから読まれることをお勧めします。

本書に出てくる事例は、生じる可能性が低いものもあるかもしれませんが、すべて実際に起きた【実例】です。

実際に起きたとはいえ、投資をしようとするみなさまの目標や現状は多種多様であり、同じ状況の方は2人としておりません。また、限られたセミナーや書籍の知識では、多種多様な状況にあるみなさまの問題を解決できるとは限りません。

そこで、私は考え方を変えました。世の中に溢れている、投資を勧め、成功談を語るような、「〇〇をすれば成功する！という情報」や、「世相や事情によっては参考にならない情報」ではなく、不動産業界一般としての王道を外さず、さらに実際の不動産投資に潜む罠に徹底的に迫る書籍にすれば、その知識は一般論や限定的な情報ではなく、いつの時代も参考にできる生きた情報になるのではないか。そして、そのような本は2015年秋現在、存在しておらず、書く意義があるのではないかと思ったのです。そこで、今回出版のお話をいただいた総合法令出版と打合せした結果、この内容で出版する運びとなりました。

具体的な危機、実際に起こってしまった事例・罠については、なぜかおおっぴらには語られません。しかし、そのような事例こそ、初めて投資をする方に必要な情報なのです。

語られない理由は、業界として投資を勧める＝規模拡大が絶対に必要で、絶対に必要だからこそ落とし穴のようなことはあえて言うべきことではないからなのでしょう。

業界の皆が新規顧客を掘り起こすため、良い点をアピールします。


「私はこんな投資で成功しました」

「うちの会社はこういう不動産投資をお勧めします」

「こういう物件を買いなさい」

「こういう戦略で物件を買って、運営して、売却したら資産が○億円！」


……などなど。甘言や美麗な言葉を並べて、株や先物など他の投資をしている層を不動産投資に引っ張ったり、自社の顧客になってもらう効果を期待しているのでしょう。

その反面、私は本書で不動産投資を意識していない方にアピールするつもりはありません。また、必要以上に自社のお客様を増やす考えもありません。

弊社はコンサルタントですが、今までもこれからも、その業務担当は代表である私一人だけです。そのため、手厚くお世話できる人数しかお客様をとらない方針です。お客様を増やし過ぎて、満足度を減らしてしまっては、コンサルタントとして本末転倒だからです。

私自身が行う不動産投資のキャッシュフロー率は現在で7％以上あり、コンサルティング事業を必死にやらないと生活できないわけではないのです。

以上のような理由で、私は不動産投資のノウハウを求める方々に、不動産投資業界の「異端者」として、より開かれた情報が贈れればと考えています。

本書が世に出ることで、一部業者や同業のコンサルタントから反発があるかもしれません。しかし、すべてはこれから投資をなさるみなさまのため、不動産業界・不動産投資業界のことが今一つわからないみなさまのため、不透明なことが多すぎる不動産投資業界に一石を投じる覚悟をしています。

本書により、みなさまが不動産投資の罠にかかることが、少しでもなくなればと願っております。本書は不動産業界の大前提が根底から変わらない限り、いつの時代にも普遍的に使えるリスク回避指南書を目指しています。ぜひ、最後までお読みいただければ幸甚です。

目次

第2章 物件選定段階での罠

第3章　融資打診段階での罠

第4章　契約〜引き渡し段階での罠

第5章 管理段階での罠

第6章　融資を得た後の罠

第7章　売却時の罠

番外編　コンセルタントや不動産投資塾、セミナーの罠

装丁・本文デザイン／小松学（ＺＵＧＡ）
本文ＤＰＴ・図版制作／横内俊彦

第1章
目標設定段階での罠

01 目標の決め方を間違える罠

▼まず必要なのは目標設定

不動産投資とは、きわめて簡単なものです。**まず現実を整理し、目標を設定し、そのギャップを認識し、そのギャップを埋めるための戦略を構築し、戦略を遂行していくための戦術を設定する。そして、そのＰＤＣＡを回していって、どんどん前に進んでいく。**

他の書籍でも、「まず目標を設定しよう」ということは大抵書かれています。この「目標設定」はマーケティングの理論を取り入れたもので、不動産投資だけでなく様々な場面で活用することが可能です。

たとえば、あなたが今働いている会社で社長になることを〝目標〟にしたとします。現

図表1 目標達成のイメージ

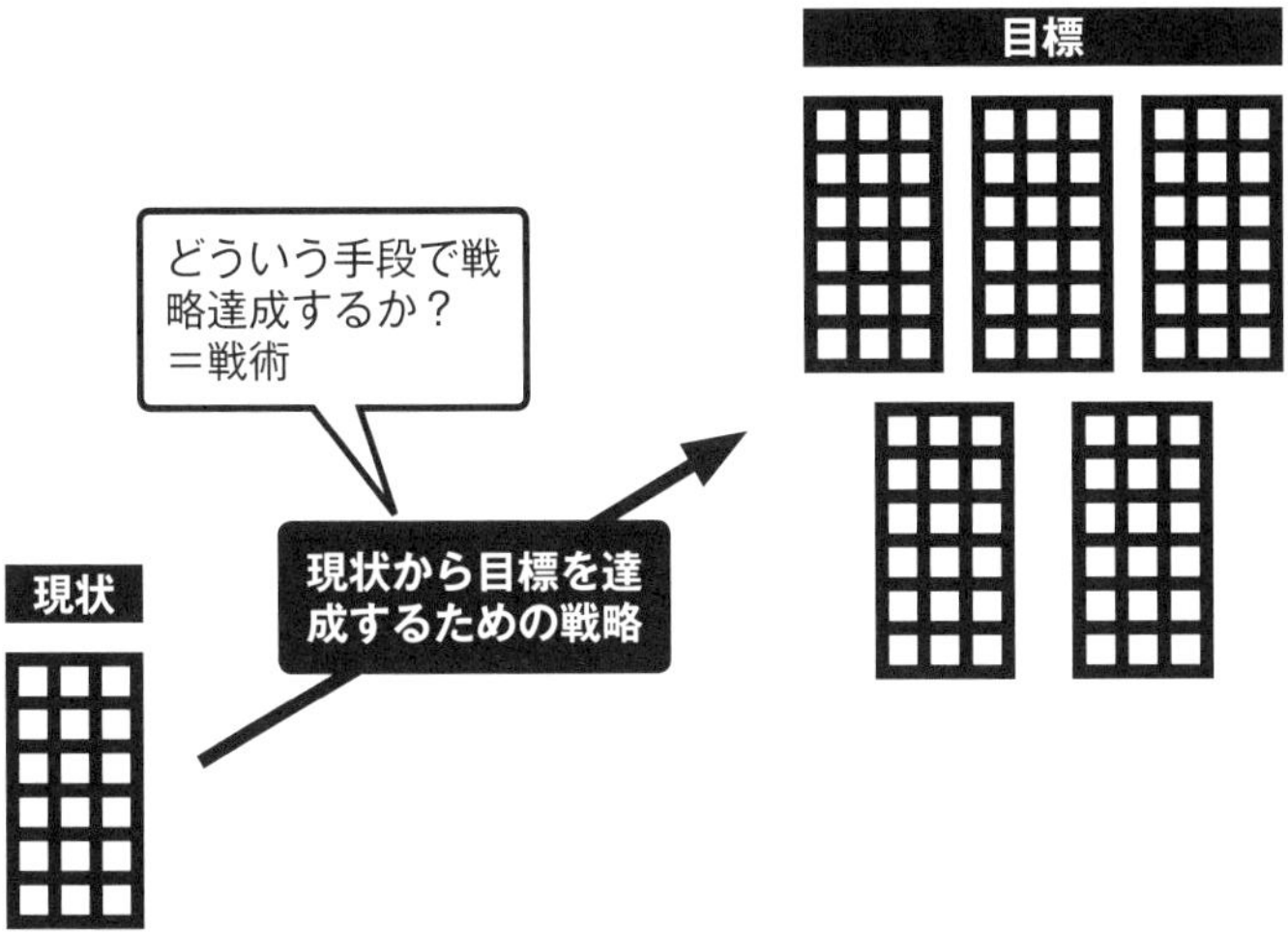

在は入社5年目で役職なしです。社長になるまではだいぶギャップがあります。

非常にざっくりとしたキャリアプランですが、社内で影響力が強い○○部に入ってそこで部長に上りつめて執行役員から取締役になる。さらに全社的な成果を上げることで取締役の中から社長候補に入る。これが大まかな〝**戦略**〟となります。

その戦略が決まった上で、社内で影響力が強い○○部に入るために、現在の部署で成果を上げる。○○部に入っても成果が出せるように、役職に引っ張ってもらえるように○○部の上役の方たちに取り入って気に入られる。これらが〝戦略〟を遂行するための〝**戦術**〟となります。

以上のプランを不動産投資に置き換えてみましょう。以下、簡単な例で説明します。

〝目標〟は「年間1000万円の税引き前キャッシュフローを得ること」としましょう。

〝現状〟は年間0万円とすると、そのギャップを埋めるために物件を買うことが必要です。

そのためには、合計で○億円分の不動産を購入することが必要です。○億円の不動産を購入するためには、個人だけでは無理なので1棟目は法人で△億円、2棟目も法人で◇億円、3棟目は個人で□億円……という形式で積み上げます。これが〝戦略〟となります。

この戦略を遂行するために、1棟目は××という条件・融資の物件を購入します。2棟目は△△という条件・融資の物件を購入します。3棟目は◇◇という条件・融資の物件を購入します。

さらにその物件を購入するために、○○な仲介業者を味方にしたり、銀行回りをしたり、今よりも知識を得るためにセミナーや教材を買ったり、こういったことはすべて〝戦術〟となります（図表1）。

〝戦略〟が決まらなければ〝戦術〟も決まらない

ここで大事なのは、「〝戦術〟は〝戦略〟が決まらなければ設定できず、〝戦略〟は〝目標〟と〝現状〟が見えないと設定できない」ということです。そう言われても、「自分の目標はどの程度のものが設定できるのかわからない」ということもあるでしょう。目標設定の妥当性は、投資を始めようとしたばかりの方には難しいかもしれません。たとえば、「年収300万円の50代の方が、年間家賃収入1億円を達成したい」「年収500万円の方が、3年で10億円の不動産購入を達成したい」などは極端な例ですが、あまりにも難易度が高い目標となってしまい、戦略の立案も苦労するようになってしまいます。

自分の状況を考えたとき、「**現実的に達成可能な目標**」を間違える。その結果、どうにもはじめの一歩が踏み出せないということが、往々にしてあります。

巷に流れている情報には、「年収○百万円で家賃収入△千万円！」みたいなことが当たり前のように書かれていますが、それがあなたにも適用できるかどうかはわかりません。

色々な資料を読み、セミナーなどにも参加し、メンターや先輩投資家と無料面談などをしてみて、急がずにしっかりと自分に合った無理のない目標設定をしてみましょう。

「投資を開始する前に、目指す目標を定めて、達成までの道筋をイメージしてみよう！」

02 目標を決めずにスタートしてしまう罠

▼目標を決めずに投資を始めると当てがはずれることに

目標に関してはもう一つ罠があります。

もしあなたが何も目標を決めていないのに、いきなりポータルサイトから業者へ問い合わせをし、勧められた物件を買ってしまったとします。しかし、その物件の実態は節税用に赤字を出すような都心区分物件で、購入後は利益がまったく出ずに損ばかり。本当は不動産投資で毎月○○万円くらいの利益が出るイメージをしていたのに……。

サイトに情報が出ていて「プロの業者がお勧めする物件なのだから」と安心し、目標設定をしていないので自分なりの判断基準に照らすことができず、結果として間違った方向に進んでしまう。こんな失敗事例はよくあります。

また、目標を設定せずに、「とにかく利益が大きい物件」を買えるだけ買ったけれど、空室ばかりになった、修繕費用が多くなって手間ばかりかかる物件になった、その結果、手間をかけずに副業的収入を得るという不動産投資の利益を享受できない、というケースもあります。

▼目標を決めないのは、ゴールを決めずにマラソンを走るのと同じ

このように**目標をしっかり決めずに、特定の業者や理論を盲信して、後で後悔する**というのは、かなり多くの投資家が投資のはじめの段階で経験していることです。

1棟目が少額の物件でリカバリーが効くならばまだ良いですが、いきなり1棟目から大型の物件をオーバーローンで買ってしまって、売却額も融資額に届かず、じりじり下がる賃料・大きな修繕費に怯《おび》えながらギリギリの不動産運営をしている方もいます。

すべては、**目標と戦略を予め立てていない**がために起こる事態です。ゴールがわからな

いのに、ルートも決まっていないのに、とりあえずスタートしてマラソンを走っているようなものです。そのような五里霧中な投資をしてしまう前に、**しっかり自己分析や家族との対話などを行い、不動産投資の目標を設定しましょう。**

「目標がない投資は、ゴールの見えないマラソンと同じ。「目標＝ゴール」が見えれば、進む道も開ける！」

03 目標を決めるための情報鮮度がわからない罠

▼基本的な知識は市販の書籍から得る

ここまで「**目標を決めることが大切**」とお話してきましたが、そもそも目標を決めるためには、知識がゼロではいけません。ある程度の知識がないと、妥当な目標設定をすることは到底できません。まず**知識を習得する**のは必須の作業と言えます。

不動産投資の知識を得るために必要なことで一番手っ取り早いのは、**市販の書籍を読む**ことです。

もちろん、投資家や業者が開催しているセミナーや、業者や我々のようなコンサルタントとの無料面談などに顔を出すという手法もありますが、不動産投資に興味を持ち始めたばかりの方には敷居が高いのではないかと思います。

「利回りって何?」「耐用年数って何?」「アパートと区分マンションの違いって何?」など、あなたが本当に基礎的な知識を持っていないレベルならば、セミナーや無料面談に行くだけ、時間の無駄となってしまいます(超初心者向けの内容ならば、別です)。

あなたが過去に不動産業界や金融業界にいたなどの事情があれば別ですが、まず基本は市販の書籍を手に取る方が多いと思います。

もしくは、インターネット上にある無料の教材(弊社も出しています)や大手サイトの用語解説集などもお勧めです。ある程度の情報ならば、無料で得ることもできます。

情報の内容の鮮度に注意!

しかし、その情報に関しても注意しなければならないことがあります。それは、その書籍・教材・セミナーDVDなどで言っている情報が、**「今も通用する内容なのか?」**ということです。

「不動産の世界は、古いままでノウハウもあまり変化がない」と思われる方もいるかもしれませんが、そんなことはありません。

現状は目まぐるしく変わっていきます。相場価格が高いとき・低いとき、融資が出やすいとき・出にくいとき、物件が出やすいとき・出にくいとき、といった状況によって変わるのはもちろん、法令・税制の改正に伴ってできなくなるノウハウもあります。

もしあなたが読んで感銘を受けた書籍が、今の時代にそぐわない内容であったとすると、そんな書籍を読んでもあなたの投資にとって何ら意味はありません。一つの読み物として、「こんなことが昔はできたのか」と思うくらいのものです。

▼自分に再現可能なノウハウかどうかもチェックする

また、これを判断するのは初心者の方には難しいですが、**その書籍の内容が本当に自分に再現可能なのかどうか**も考えてみてください。

たとえば、読者が医者やオーナー社長などの高所得者であることを前提とした書籍もあれば、「年収○百万円からでも買える！」みたいな書籍もあります。また、「年収○百万円からでもできる！」という書籍は一見、誰にでも再現できるような気がしますが、その時代にあった特別な融資事情や相場背景、著者の特別な親族背景などが可能にしている事例もあったりするので、注意が必要です。

書籍が書かれた時代を簡単に判断するには、初版の年月日や重版の際に加筆や修正がされているかどうかを確認することが手っ取り早いです。

不動産投資関連の本は、自費出版的なものから、業者のセルフブランディングのためのもの、通常の商業出版まで、種類が多数あります。

その中で、本当に初心者の方が一番確実に目標設定まで辿り着く方法は、**業者やコンサルタントが書いた体系的書籍を数冊読み、その中で「これだ！」と感じた著者の会社や投資家に実際に面談を申し込んでみることが良い**と思います。

この方法ならば、もし仮にその書籍の内容が過去のものだったとしても、その業者やプロのコンサルタントとしての最新ノウハウに基づいた、目標設定に役立つ話が聞けるはずです。

ちなみに、実際に会ってみて「売込みが強すぎる」「自分の疑問に答えてくれずに押しつけが激しい」などの懸念点があれば、また別のところに行って話を聞いてみましょう。

「書籍の情報は、今でも通用するノウハウかどうかを吟味する。または、出版しているプロとの面談をすると近道！」

04 現実と理想をマッチングする過程での罠

▼書籍を読んだ後は、プロと面談するのが一番だが……

書籍を読んで目標を設定することは、初心者にとっては「はじめの一歩」です。

そこから実際の投資に進むためには、**あなたの目標（理想）が現実（相場や業界通念）と著しく乖離《かいり》していないかどうかがわからないといけません。**

そのために必要なことは、不動産投資の先輩であるメンター、不動産投資塾、大家の会、不動産業者など、**不動産投資を生業《なりわい》とし続けている人に聞く**ことが一番です。一気に難易度が上がりましたね。実際に人と会って話さなくてはなりません。

ここを間違えてしまうと致命傷となってしまいます。そして、間違える方が非常に多いのも、この段階です。

この段階の方は、まだまだ投資経験のない「ヒヨッコ」です。ですが、そこを恥じることはありません。誰だってはじめは初心者です。

そこで、面談を受けたプロたちが親身になって、あなたの希望を聞き出し、人生観に共感し、目標に関してコメントをし、必要ならば目標を修正し、さらに戦略を立てるところまでやってくれたら、そのヒアリングは大成功です。プロの持つ現実と、あなたの求める理想がリンクしていくことでしょう。

▼業者の言うことを鵜呑みにしてはいけない

ただし、そのような善良な人々ばかりとは限りません。言葉は悪いですが、あなたを「いいカモ」と思って、「嘘の現実」を強いる悪徳業者もいます（図表2）。

そんな業者は「嘘の現実」を信じ込ませ、自社おススメの物件を買わせて、リスクのある投資を行わせます。その物件でも手元では小さいながらも利益が上がり続けるので、当

図表2 業者に都合のいい営業トーク

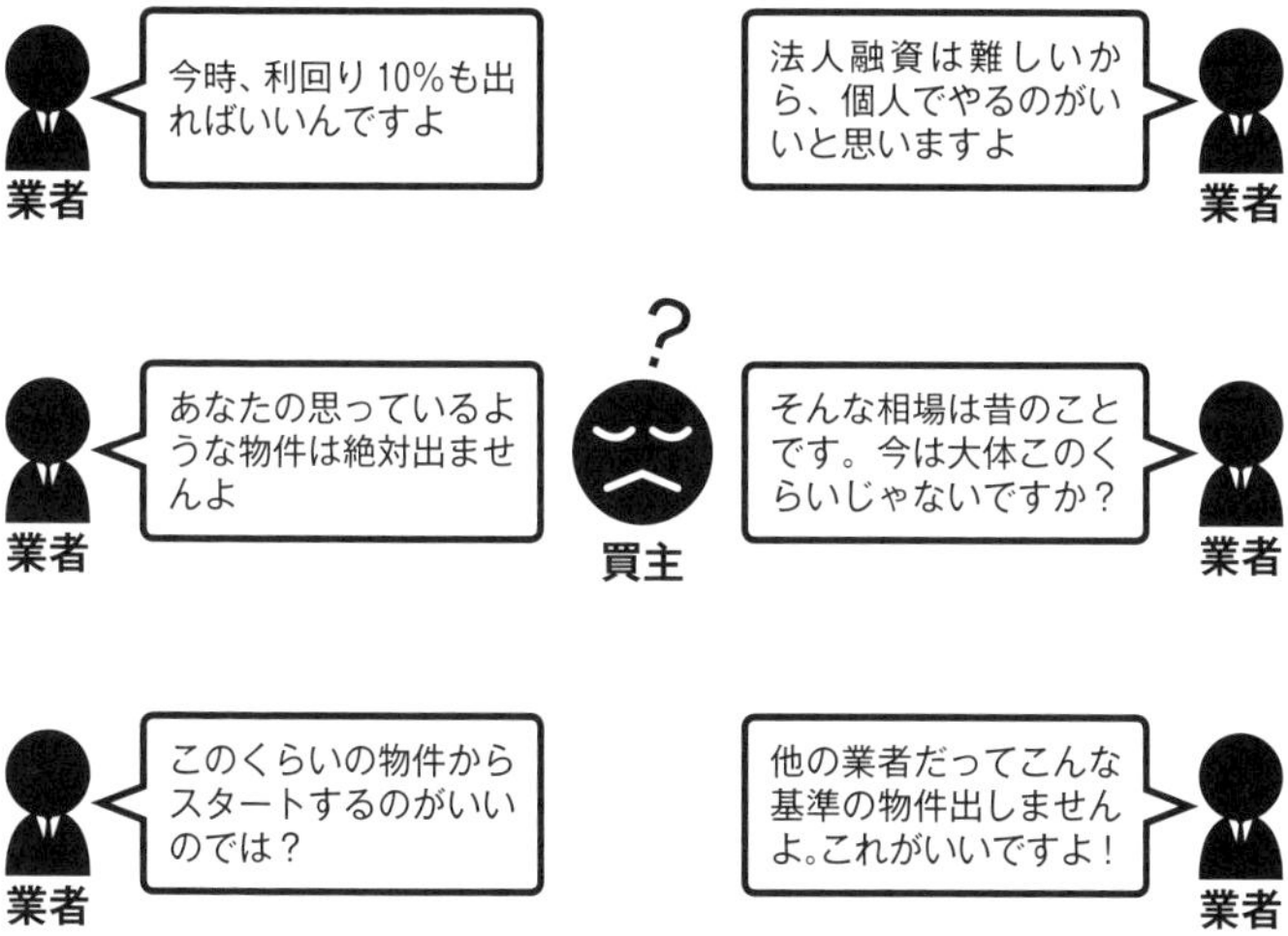
業者
今時、利回り10%も出ればいいんですよ
法人融資は難しいから、個人でやるのがいいと思いますよ
業者
業者
あなたの思っているような物件は絶対出ませんよ
?
買主
そんな相場は昔のことです。今は大体このくらいじゃないですか？
業者
業者
このくらいの物件からスタートするのがいいのでは？
他の業者だってこんな基準の物件出しませんよ。これがいいですよ！
業者

面はネガティブな感情は出ません（そのくらいが当たり前だ、と教育をしたので）。

しかし、大きな修繕が発生したとき、入居が入らなくなったとき、相場よりも激しい家賃下落が止められないとき、売却しようにも融資額にすら達しないときなど、大きな問題が発生して、ネガティブな感情が生まれたときにはすでに手遅れなのです。

そのようなことも、稀ではありません。

「目標を設定し、それを達成する戦略を立てるふりをして、その業者が紹介したい物件を売るだけ売って、さようなら」といったケースもあります。

あなたの理想と現実への橋渡しをするのではなく、業者に都合の良い現実（売りたい物件）を押しつけ、「客の理想など知ったことではない」と言わんばかりの営業をしてくる業者も少なくないのです。

このはじめの段階で、良い業者・コンサルタント・メンターに会えるかどうかは運の要素もあります。プロだからと言って、経歴がすごいからと言って、その言葉が絶対だとは思わず、必ずどこかで一歩立ち止まって、引いて見てみることもしてください。**盲目的な信頼は、時にあなたを窮地に陥れます。**

「目標が妥当かを知るには、プロとの面談が一番。しかし、プロであっても盲信しないこと！」

05 成功者の過程を目標にする罠

▼成功者の書いた成功談はあなたの参考にならない!?

書籍などを出している人は、ある程度投資で成功しているようです。「成功者」の実績は、確かに素晴らしいものです。しかし、その実績が「目標を達成したもの」と言えるのかどうかはわかりません。不動産投資を熟知している私のような人間からすると、**「この書籍に書かれている投資段階って、まだ安定の完成形ではないよね?」**と思ってしまうようなケースも多々あります。ひょっとしたら、書籍に載っている成功談はまだ過程に過ぎず、誰もが目標として参考にするべきものではないのかもしれません。

たとえば、何棟か買ってセミリタイヤしたような事例がわかりやすいでしょう。代表的なものは次のようなケースです。

「何棟かオーバーローンで所有して、個人での融資枠を使い果たし、自己資金も少なく、負債超過の状態で追加での融資は望めない。売却をしようにも、人気のない地域である。でも、手元の利回りは高くて現状はある程度のキャッシュフローは出ている。その段階でリタイアをした」

そこで『サラリーマン生活にサヨナラ！　不動産投資でセミリタイア生活！』という書籍を出したとしましょう。

その書籍を読んだ誰かが、そのモデルを目指して同じ活動をしたとします。

確かに、手元の利回りが高い物件を購入できれば当座はキャッシュを得られそうです。しかし、「リタイアした後の追加融資の当てはあるのか？」「今は良いが、10年後・20年後の展開はどのようにしているか？」などの問題は解決されません。

恐らく、このような書籍の著者は、そのままリタイアして隠居ということをしないはずです。たとえば、書籍でセルフブランディングをして、セミナー講師・コラム執筆などの活動をするか、投資塾などを開くか、自らが不動産業者となるか、自分のノウハウを生かしてコンサルタントとなるか、もしくは再就職をして働いているか、別の経済活動をしなくてはならないでしょう。それはもはや、ただ会社を一度辞めただけの人に過ぎません。

それは成功した安心の隠居ではなく、セミナー講師や投資塾を開くために必要な投資をした、という側面を持つ活動になってしまいます。あなたが、そのような講師になりたいと思うなら、参考にしても良いかもしれません。

しかし、あなたが「悠々自適に生活したい」「日本で不動産収入を安定的に得て物価の安い海外に移住してセカンドライフを送りたい」などと考えているのなら、まったく合わない目標となってしまいます。

▼書籍を参考にする際に考えるべきこと

市販の書籍を参考にする際には、

「この成功事例の先にはどんな目標が達成できるのだろう?」

「この人はこの本を出して何をしようとしているのか?」

などを考えて、その上で自らの思いと書籍の内容を重ねることをお勧めします。

「この著者のように、低属性サラリーマンから這い上がりたい！」

↓なぜならば、属性が高い人がやるような投資は私にはできないから。

「この著者のように、小規模の不動産投資をしたい！」

↓なぜならば、リスクをとって大きく展開する投資はしたくないから。


以上のように、情報の背後にあるものを注意深く見ていくことが大事です。「なんとなく儲かっていそうなことを書いている書籍だから、真似をしてみよう」くらいの考えでは、途中で犠牲を払ってでも方針変更しなくてはならないかもしれませんので、十分注意してください。

「自分の目標に理由をつけよう。書籍を参考にするときには、書籍の背後にある意味を考え、目標とリンクさせよう！」

06 業者に目標設定を頼む罠

▼わからないなりにも目標設定をすることが大事

業者から目標設定のアドバイスを受ける場合には、先述の項でも書きましたが、十分注意しなくてはなりません。**不動産業者は、厳しい業界を生き抜いている海千山千の猛者《もさ》なので、初心者は特に注意しないといけません。**

もちろん、良識ある素晴らしい業者も多いので、必ずしもここで紹介する事例がすべてではないということを念頭に置いていただければ幸いです。

今からお話しするのは、罠の面を強調した事例です。

▼できる営業マンとできない営業マンの事例

たとえば、初心者であるあなたが不動産の知識をある程度勉強し、その上で実際に業者巡りをして、狙っていく物件の方針などの戦略を相談しに来たとします。

まず、あなたが自分の考えた目標を業者に語ります。できる営業担当ならば、笑顔や時折質問を交えながら一生懸命耳を傾けてくれることでしょう。

以下、できる営業マンの会話事例を書いてみます。

「目標は承知いたしました。なんとか目標を達成すべく頑張らせていただきたいですが、少し現状についてもお話しさせてください」

「物件も、今は東京のそれなりの駅ならば表面利回り6％がやっとです。今弊社にある物件も○○や××といった状態で、お客様の目標レベルの物件が出れば我々業者が買うレベルですよ」

「今はどんどん物件も売れてしまうので、融資も時間がかかる法人融資ではなく個人融資が良いです」

「いかがでしょうか。何かご質問などあれば仰ってください」
「この目標を考えられるにあたり、勉強などもなさって大変だったかと存じますが、弊社としては現実的に〇〇や××といった物件を購入されて、目標になるべく近づけていく戦略をお勧めします」

次に、できない営業マンの会話事例も見てみましょう。

「今ご紹介できる物件は〇〇・××ですが、買うか買わないかどうしますか？」
↓あなたの目標に関してのコメントはなし
「すでに他のお客様も検討されていますが、お客様になら特別に一番手でご紹介します」
↓営業トークにいきなり入る

客の言い分を聞かず、押し売りのようなことばかりするのは営業スキルとして論外のレベルだと思います。こんな場合には運が悪かったと思って帰りましょう。

▼仲介業者は結局自社の物件を売りたいだけ

問題は、できる営業マンの言い分です。前ページの会話文は、一見すると客の目標をよく考えてくれて、目標に近づけるように努力してくれるように見えますが、実はできない営業マンと同じことを言っていることにお気づきになりましたか。婉曲的な表現をしながら、結局は自社にある物件を売ることに終始しています。

言葉や物腰が柔らかくとも、**結局は物件を売りたいのが仲介業者**です。「客の目標は半分どうでも良い」と思う業者がいるのも確かです。

したがって、物件を売るための手段として、客の目標に同調しているように見せたり、現実と客の目標がいかに乖離しているかを説明したりします。

その結果として、自社物件を「あなたの目標に達しない」と認めながら、「目標に近づけられるように」という枕詞をつけて売ろうとしています。つまり、あなたの目標を自社物件のレベルに修正しようとしているのです。

あくまで一例ですが、業者の言葉を信用しきって、自分の目標や基準を簡単に捨ててしまい、後で後悔する方が少なからずいます。私のもとにも、「業者に言われるがまま買い進めたら、そんなに儲けが出ない」「現状を何とか改善したいけれどどうしたらいいか」という相談はよく寄せられます。十分に気をつけましょう。

とはいえ、自分の目標が明らかに過去の良相場時と比べても高いもので、複数の業者やコンサルタントからも客観的な数字を交えて「達成の見込みがない」と言われてしまうようならば、自分の目標を修正して、現実に近づけることも考えましょう。

そのあたりを正直ベースで、腹を割って話せるパートナーと出会えれば、あなたの投資はうまくスタートできるはずです。

「目標未達の物件を紹介してくる業者には注意が必要。言葉の真意を見逃さない！」

07 成功事例に潜むリスクを想定できない罠

▼過去の成功が失敗にもなる

「当座の成功事例＝書籍化された体験」も万能の成功体験ではありません。かなり運よくいった結果、失敗せずに済んだような事例もあります。

相場や物件状況が、時代によって大きく変わる不動産投資では、いつの世も変わらずに成功できる方法というのは難しいです。強いて言えば、無借金に近い形で不動産を持ち続ける地主のようなモデルでしょうか。

そんな地主レベルに達しない個人の不動産投資においては、「大規模ＲＣで家賃を大きく得る不動産投資を！」

「土地を安く仕入れて新築物件を建てて、満室売却でキャピタルゲインを！」

「ボロ物件をリフォームして格安・高利益な不動産投資を！」

などなど様々な投資手法がありますが、いつの世でもそのノウハウだけで勝てるかどうかは怪しいです。

たとえば、築古物件に対する融資姿勢が硬化すれば、ボロ物件はリフォームをしても売れず、売却口のない投資になるかもしれません。また、大規模RC物件に対する融資が軟化して多くの金融機関が取り扱い、相場が高騰して利回りが落ちるようなときは、金利上昇リスクを考えるとキャッシュフローが出にくくなるかもしれません。

大局としての相場観を持つことの重要性

このように、**市場の動向によっては過去の成功事例が失敗事例になりかねない**場合もあります。なので、**大局としての相場観を持っておくことは非常に重要**なのです。それこそが、最大のリスクヘッジとなります。

私自身、２０１０～２０１１年で価格が下がっていた際に物件を大きく買いましたが、２０１２～２０１４年期では税金償却用の現金購入物件以外は買っていません。なぜなら、いつ売却しても問題なく売却益を得られるレベルの物件が出にくくなったからです。

そんなわけで、書籍化されている様々なノウハウも「いつの世においても確実に適用できる！」というものではないことは覚えておいてください。

「過去の成功事例が、常に再現可能とは限らない。今の相場で最適な手法を考えよう！」

08 家族や親族の協力を確認しないまま突き進む罠

▼不動産投資の一番の難関は奥さん？

不動産投資は人生を左右する投資です。**その目標については、自分だけではなく家族や親族の同意をとることが理想**です。

そもそも、不動産投資というものは一般の方が思う「株式投資」などの財テクと比べて、大きな融資を受けることになる可能性が高いです。不動産と聞くだけで、額が大きくて騙されたときに怖い、と拒否反応を示す方もいます。まずは大前提として「取り組むことの可否」にOKをもらっておかないといけません。

そこを経て、さらに「**どのくらいの投資額となるか**」「**その結果の手残りがいくらとな**

るか」「融資を受けるのはいくらになるか」といった、リスクやメリット・デメリットの説明をしましょう。

実際、多くの投資家の方々から聞く話ですが、**「不動産投資の一番の難関は妻でした」**ということは往々にしてあります。よく聞く言葉は、「大きな借金をするのは怖い」「何かあったらどうする？（根拠のない漠然とした不安）」などです。

このような不安があるのは、奥様やご家族が不動産投資に対してネガティブだからではありません。**知識がないから、理解ができないから不安なのです。**

不動産投資の世界は本当に特殊で、日本国民の9割は理解していないと思います。もし不動産投資に家族として関わることになった場合、ご家族は投資を行うメリット・特性などを知る前に、不動産特有の「価格が大きい」「融資を受けて買うもの」「融資＝借金」「不動産バブルで失敗した人の話」などが頭に去来してしまい、不安で頭がいっぱいになってしまうのです。

だから、しっかりと説明して協力を取りつけましょう。**「説明をしたときに理解してもらえないのは、教えられた人が悪いのではなく、教えた人の教え方が悪いのだ」**というくらいの認識を持ち、根気強く目標を共有し、納得されないならば修正も考えましょう。

家族の協力を得られなかったことが自分の信用失墜にも

実際、家族の協力を得られなかった方の具体的な事例について書きます。

Aさんはすでに2棟・合計7000万円分の物件を買っています。

さらにもう1棟、次は大きな物件を買おうと思って2億円の物件の契約をしました。これ以前の2棟については奥様の同意も得られ、順調に進めていました。

当然、不動産投資に関して了解を得ていると思ったAさんは、その前提で、融資申し込みの連帯保証人欄に自分で署名をして奥様の実印を押して提出しました。融資の方向性も出たので、契約も終わらせました。

しかし、融資面談の段階で思わぬトラブルが起きます。Aさんの奥様が「そんな大きな物件を買うなんて聞いていない。いきなり何億も借金を背負うなんて何かあったとき不安。賛成できない」となってしまいました。

結局、面談ではその状態で終わってしまい、奥様は「やめてほしい」の一点張り。Aさんは「妻の説得・連帯保証なしでも融資できないか」という交渉に入りました。

しかし、両方ともうまくいきません。そうこうしているうちに融資特約の解除期限が来てしまい、期限延長はできませんでした。Aさんは物件を押さえられず、紹介してくれた業者からの信頼はガタ落ち、貴重な物件も信頼関係も流れてしまいました。

いずれにせよ、**金融機関・業者・売主もすべて巻き込んだ大事になる**ことは確実です。思わぬ反発がないよう、しっかりとコンセンサスをとってください。

「家族の協力が必要になることもあるので、予め協力は取りつけておこう！」

09 目標は決まったが、戦略をどうするかわからない罠

目標設定だけでなく、戦略を構築しないとダメ

第1章の最後です。ここまで投資の目標設定の大切さについて、長々とお話をさせていただきました。しかし、**「目標設定」というのは必要条件であって、十分条件ではありません。**妥当な目標を設定できれば、あとは不動産投資が成功するかと言われれば、それだけでは難しいでしょう。

そこで、目標を達成するまでに必要な道筋＝**「戦略」**を構築する必要があります。具体的に言うと、**「どのようなスケジュールで」「どのような物件を」「どのような融資を受けて購入し」「キャッシュフローをどう積み上げるか」「最終的にどのように売却して利益を**

確定するか」などを決めます。

これらが決まらないと、実際の動きがとれません。狙うべき物件も決まってきません。たとえば、年収１０００万円の方が、「年間の税引前キャッシュフロー１０００万円を、期間は５年で目指す」という目標を立てたとしましょう。

この目標を達成する道筋はたくさんあります。大きな収入の出る地方１棟ＲＣを買おうとする方もいるでしょう。入客の安定を第一条件とし、首都圏の新築１棟物件で良い融資条件が出るものを狙う方もいるでしょう。大都市圏で利回りが高く出る築古の木造１棟を狙う方もいるでしょう。初めの１棟は怖いので、区分投資をされる方もいるでしょう。

- そこからの２棟目は？　３棟目は？
- 融資か？　現金か？　キャッシュフローの積み上げ方はどうする？
- 地域はどこを狙う？

などなど、組み合わせのパターンは無限です。この膨大な道筋＝「戦略」の中から、あなたの目標を正しく達成する道筋＝「戦略」を選ぶのは、不動産投資初心者にとっては、至難の業です。

大抵の方は、はじめは知識も経験もないので、セミナーや書籍で色々なモデルケースを見ながら、時には自分で失敗をしながら戦略の修正をしていくのがほとんどだと思います。

この戦略の方向性を間違えると、目標達成までの期間が大幅に増えるか、最悪の場合は目標が不達成になって大きな負債を負う場合もあります。

実際、業者に言われた物件構築の手法が「手間なしで利益を得たい」という自分の目標と合っておらず、地方の築古物件で修繕や客付けに大変苦労してしまう物件を買ってしまい、結局その物件を赤字で処分した、という例も聞いています。

▼最低でも「どんな物件を何棟買うか」だけでも決める

「初めから戦略をうまく立てていれば」「そんなパートナーと出会えていれば」という方は本当にたくさんいます。

どうか、**戦略の構築**も重要課題として、取り組んでください。どうしても細かいところまで決められないのならば、「**どのような物件を何棟買うか**」だけでも良いので考えてみましょう。こちらを考えずに進むのは、「物件判断の基準がブレる」という意味でも、やはり大変危険です。

もし、それらしき戦略が考えられたなら、あなたの戦略には「**どんなメリットがあるか**」「**リスクや落とし穴は何か？**」「**リスクは許容・回避できるようなものか？**」も考えてみてください。闇雲《やみくも》に進むのではなく、一旦立ち止まって考えることは大事です。

その判断ができなければ、どうぞメンターやコンサルタントに勇気を持って聞いてみてください。今は個別相談をしてくれる方たちは私も含めて大勢います。業者にはどちらかというと、その戦略が固まってから実際に物件選択のアドバイスを聞きに行くのが良いと思います。

「**戦略は投資の道筋。どういう道を進むかをイメージしてから投資に臨もう！**」

第2章
物件選定段階での罠

10 目標からのリンクができず、狙うべき物件がわからない罠

▼物件探しよりも、戦略の構築と目標達成に全力を尽くすべし

不動産投資をやろうとしている方にものすごく多いのは、そもそも「どんな物件を買えば良いかわからない」「一歩が踏み出せない」「もっと良い物件が出たときが悔しくて、決断できない」などの悩みです。

それを解消させるために「こんな物件を買いましょう！」「こういう判断をしましょう！」という書籍が多く世に出ています。しかし、これらの書籍は、半分は正しくて半分は間違っています。

物件をどうしようなどと言う前に、投資目標を達成するための戦略を、相場に対して無

理がないように構築し、その達成に全力を尽くすべきなのです。

戦略さえ決まれば、物件選びも自ずと決まる

具体的に考えてみます。目標は先ほどと同じにしましょう。「年収1000万円のあなたが、安定した税引前キャッシュフロー1000万円を5年間で達成する」という目標です。この目標決定は、旅行で言うと「北海道に行こう」と決めた段階に相当します。

目標達成のために、はじめは絶対に黒字にしたいので、2棟ほど首都圏の好立地新築を購入、キャッシュフロー500万円を目指します。次は少しリスクもあるが利益も出る高キャッシュフローが出る大型物件を狙って、1棟で400万円のキャッシュフローを目指します。4棟目以降は投資の安定経営のため、自分も経験を積むという趣旨で、現金か少額融資で戸建や築古の物件を狙ってみる、ということにしましょう。この作業は旅行で言うと、自動車で首都高→常磐道→茨城からフェリー→苫小牧→知床まで行こう、と決めた段階に相当します。

実は、ここまで考えられたならば、あとは現実的に達成できる物件を買えば良いのです。**物件選びは、戦略さえ決まれば自ずと絞られてきます**。なので、物件が買えないと嘆いている方ほど、細かい条件や物件の探し方などを検討する前に、大元の投資目標や戦略を検討した方が良いのです。

そこの設定が固まれば、目標を達成する投資の道は開けたも同然です。

「目標→戦略が定まってこそ、狙うべき物件は見えてくる。はじめから物件狙いは×！」

11 業者が売りたい物件を売りつけてくる罠

▼業者に振り回されない投資術を身につける

前項では、目標からの戦略作りが大事だとお話ししました。その戦略構築のときに、良くない業者が関わってしまうと、戦略や戦術が業者の思惑寄りになることがあります。つまり、業者の売りたい物件が戦略に盛り込まれてしまうケースです。

業者の思惑がお客様の要望をしっかり反映したものと一致するなら良いのですが、「うちはこのエリアにしか強くない」とか、「今在庫で持っている物件を売るような戦略を組立てよう」とか、そういった思惑が先行する業者が少なくありません。

実際、こういった例もあります。

お客様は不動産投資で目標としたい収入金額が決まっていました。仮に、税引前のキャッシュフロー率3％で安定的に年間キャッシュフロー額1000万円としましょう。そこで、それを達成するための方策を、コンサルティングも標榜している仲介会社に問い合わせをしました。

そこで、その仲介会社は思いました。「今の相場・今の在庫ではキャッシュフロー率3％を達成する投資は地方以外では難しいのではないか」「しかし、このお客様は属性も良くて買えるお客様だし、さてどうするか」「地方物件でも高利回りの物は競争が高くて動きも早いし、なんとか在庫を売れるように目標修正をさせられないか？」と。

そして、業者は相場の話、「今がいかに厳しいか、良い物件がいかにないか」などの話で、お客様を不安にさせます。結果として、お客様は業者の提案通りの物件を購入してしまいました。その結果、キャッシュフロー率が低くて、空室発生時には多くの手出しが出てしまいました。そんな事情で困って売却をしようとした際も、困っている事情を逆手に取られて高くも売れず、大きな損をする売却提案を受け入れざるを得ないところまできています。

この話は、目標ラインを業者の口車に乗ってしまって、業者側の都合の良いように変えさせられてしまい、「投資を行いたい」という射幸心を煽《あお》られて利益が出にくい物件を買わされてしまった、というストーリーです。

ここまで行き詰らなくても、**修正をする必要のない目標を修正し、結果業者の売りやすいように投資を構築してしまう方は大勢います。**それは、彼らがプロであなたが素人なので、「反論する根拠もなくて反論できない」という事情も背景にあります。

目標や戦略の修正がすべて悪いわけでもないが……

とはいえ、目標や戦略の修正がすべて悪いものでもなく、業者に限らず我々コンサルタントでも修正提案することがあります。

たとえば、お客様がものすごく例外的な投資成功事例を見て、それを自分も簡単にできると思っている場合や、特殊な属性で投資成功した事例を見て、普通の属性の方が自分もこれをできると思っている場合など、現実的に明らかに難しいと感じるときには、修正の提案をします。

ただし、私の場合は必ず「**目標や戦略構築の根拠ヒアリング**」「**内容についての所感**」「**修正せずに進む場合、修正した場合の説明**」「**今やる場合とやらない場合のメリットとデメリット**」などを説明・議論し、納得いただいた上でないと修正はしません。

目標の修正・押しつけをするような業者やコンサルタントは、議論なしで「私が言う以外に選択肢がない」という感じで追いつめて言うことが多いです。

もし、「プロとして目標はこのように修正すべきだ」「今ある物件はこのような感じなのであなたの目標は修正する必要がある」「当方では不動産投資を行うにあたり、〇〇という目標を掲げているので、あなたもそれを目指して頑張りましょう」……など、あなたの目標を聞いてくれない提案には気をつけてください。結局のところ、大きなリスク・覚悟を背負って投資を行うのはオーナーとなるあなたなのです。

「プロだからと言って、すべての言葉を鵜呑みにしない。業者の思惑も読むことが大事!」

12 利回りが正しいかわからない罠

▼営業のスペシャリストが管理のスペシャリストとは限らない

これは特に仲介専門業者で管理をやっていないようなところから買う場合、よくチェックしたほうが良いと思います。

仲介を専門にしている会社は、物件情報を取ってくることに関してはスペシャリストだと思っています。あとはもちろん、営業や融資もスペシャリストです。

しかし、その**営業のスペシャリストが管理のスペシャリストではない**可能性はあります。

結果、明確な理由なく、「今と同じ家賃でいけますよ」と言ったり、概要書の想定家賃を調査せずに作って、根拠の乏しい利回りが出来上がってしまいます。

このようなお粗末な営業だと、家賃に対して裏を細かくとらない現状もあります。「懇意にしている管理会社1社に聞いて終わり」ということも少なくありません。

結局のところ、仲介業者に「この賃料は妥当ですか？」と聞いたところで、「私どもの調査では、妥当です」としか答えは返ってこないでしょう。

▼賃料は自分で裏をとろう

なので、**利回りの根拠となる賃料は自分で裏をとる必要がある**と思います。裏のとり方として、まず手っ取り早いのは、ネットの募集価格との照らし合わせです。駅徒歩や間取り・構造・広さなど似たような条件で、現状まだ募集中の賃料よりも著しく高くないかどうかは見たほうが良いです。あとは、地場業者と大手管理業者から意見を聞くことです。

大手管理業者の調査は、やはり押さえるべきところは網羅しています。ですが、地場にいないと知らないような地域の特殊で新鮮な事情を、地場業者が持っている場合もあります。

また、管理も一体でやるような仲介会社ならば、自分が管理で苦労するような賃料はあえてつけない確率の方が高いので、そこも特殊な事情として見てあげてください。
収入に関して責任を持つオーナーだからこそ、そこはシビアに考えてみましょう。

「仲介会社専門の家賃想定を鵜呑みにしない。自分でも複数社に調査することが大事！」

13 よくわからないことを業者に質問できない罠

▼質問をして面倒くさがる業者は信用できない

気持ちの優しい方だけでなく、あまり知識がない初心者の方に共通することです。


「プロの業者が言うのだから間違いないのでは？」

「プロのコンサルタントがここまで言うのだから質問をするのも悪いな」

「こんな質問をして、面倒な客だと思われて物件が他の人に流れるのではないか？」

「質問のやり取りをしているうちに物件が売れてしまうのではないか？」

先の2つに関しては、こんなことは気にせず、どんどん質問をしましょう。**不動産は高額な取引なのですから、疑問点は明確にしないといけません。**お客様からの質問に面倒くさがる業者、コンサルタントは信用できません。

「お金持ちの資産保全」だったこれまでの不動産投資

不動産は何千万・何億円という取引が日常となります。住宅の営業マンならば、「人生を賭けた買い物」というお客様の想いも強く感じられるので、投資物件よりは心をお客様寄りにしやすいです。

しかし、投資物件は少し毛色が違います。そもそも、「不動産投資」は、原則的に「**お金持ちの資産保全**」という意味合いが強いです。地主とまでいかずとも、開業医・一部の士業・会社役員・オーナー社長など、多額の現金を持つ方が行うことが多かったのが、不動産投資なのです。その性格上、「人生を賭けた」というよりは、「**より人生に余裕を持たせるため**」「**すでに有利な人生をもっと固く進めるため**」という特徴があります。

その結果、すばやく判断ができる・小さなことは気にせず投資を行うような方も多かった、という歴史もあります。また、今でもそのような方は多くいるため、あなたが質問をしているうちに他の方で売れてしまうことも、もちろんあります。

▼誰でも参加できるようになった現在の不動産投資

しかし、今は不動産投資に対する投資家の態度は新しい形となっています。もちろん、旧来の資産を守る系の方もいます。しかし、今となっては市場に出ている書籍の多くが、

「不動産投資で○千万円達成！」
「不動産投資で給与以上の収入を得よう！」
「不動産投資でセミリタイア！」

という題目となっています。

こんな形で不動産投資が隆盛となったのは、1990年代後半~2000年になるかどうかくらいだったかと思います。「HOME'S」「健美家」「楽待」などの不動産投資サイ

トが2000年前後に運用開始しているので、恐らく間違ってはいないと思います。

マーケット的には、富裕層だけでは投資用物件の捌《は》け口がなかったため、業界としてさらなる市場を開拓する意味もあったのでしょう。「サラリーマン大家」などという言葉をよく聞くようになったのも、この頃ではないでしょうか。

そうして、不動産投資に人生を賭ける方も増えた今、従来のような営業スタイルでは、お客様の想いに応えることはできません。人生を賭けているならば、当然遠慮することはないのです。今時、数百万円の高級車の営業マンでさえお客様の質問には丁寧に答えます。戸建住宅やマンションの営業マンも、大きな会社では大体同じです。その丁寧な営業態度を、不動産投資にも期待するのは、原則間違いではないと思います。

すばやい判断は経験を積むことでしか得られない

しかし、2015年現在、物件価格高騰となっている状態です。その状態では、質問やその他問答についてもリスクを考えなければなりません。質問は悪いとは思いません。しかし、早く判断する客が現れてしまった場合、あなたが質問をしている間にその物件は買われてしまいます。

とはいえ、自分が納得をしないうちに判断をしてしまうのは早急です。そのような状況が続いてしまうなら、今のあなたが投資家としてレベルが足りない＝判断をすぐにできないことの証明でもあります。誰しもがはじめは初心者なので、しょうがないのです。

判断が早くできるようになるには、どんどん質問をして経験値を貯めるか、そんなに時間や手間をかけたくない方は中立な立場のメンターなどに判断を仰ぐのも良いと思います。

物怖じせずに質問ができても、不動産会社の反応が悪い場合などは、そんな業者は切りましょう。それは、お客側の気持ちに立った営業ができていない証拠です。他に客がつくからと言って不遜な態度ならば、その業者はいつかどこかで足元をすくわれるでしょう。

「質問は特に初心者ならどんどんすべき。ただ、勝ちたいならば判断を素早くできるようになること！」

14 会いに行かないと資料をもらえない罠

▼会わないと資料をくれない業者は要注意

これもよく目にするケースです。不動産の世界は、未だに古い慣習が色濃く残る業界です。投資業者にはほとんどいませんが、駅前業者の中には未だにホームページがなかったり、パソコンが扱えず書類のやり取りをＦＡＸで行うというところも多くあります。

そこまでいかないにしても、仁義と言いますか、直接の信頼を重んじます。なので、会社で会わないと資料も渡さない、秘匿情報のため現場を見学に来ないと詳細資料は渡さない、「とりあえずお会いしてお話を聞いてからでないと何とも言えません」という業者が後を絶ちません。

「高額な商品であるからこそ、アナログな手段で信頼を構築する」という考えは、個人的には賛同できます。しかし、「秘匿情報のため、会ってからでないと対応できない」といった理由には、信頼構築以外の目的もあるので注意が必要です。「本当に買える属性の方にしか対応したくない」というのが本音であれば、属性を確認してから資料を送れば済む話です。「会わなければ資料すら渡さない」というのは、少々杓子定規なスタイルだと思います。また、「秘匿情報だから実際に会わなければ」というのであれば、秘密保持契約などを介して、それが確認できたら情報を提供してあげれば良いと思います。実際、そうしている業者も多くいます。

▼「会わないと資料は渡さない」の裏に隠された営業テクニック

それにもかかわらず、どうして「会わないと資料は渡さない、まずは事務所に来てください」と言うのか。その裏には「**その場営業で丸め込む**」という営業テクニックがあることを警戒してください。

たとえば、賃貸不動産を探しに行くときと、少しニュアンスは似ています。賃貸不動産を仲介会社に行って探す場合、自分があらかじめ選んだ物件を含め、仲介会社もその場で何物件か出して、その中から良いものを選ぶ、というフローが多いです。不動産投資の場合でも、なんと同じことがされます。


「あなたが問い合わせしてきた物件はもう売れてしまいました」

「代わりに、似た条件でこんな物件があります」

「今からでも現地に行けますが、どうしますか?」

「あなたの条件ならばこのくらいの条件で融資が引けます」

「その場合、年間のキャッシュフローはこのくらいになりまして……」


などということをはじめから準備していたかのように、スラスラ話をされる場合は要注意です。

私は言いたいです。もし、そのお客様の投資歴が浅く、1物件目であった場合、その手法は単純な押し売りなのではないかと。もちろん、利益が出る物件でしょうから完全な押し売りとは言えないまでも、当日店に来たお客様に「似た条件だから」と言って別物件の購入をその場で勧めたら、お客様はどう思うかを考えてほしいです。

先述のように、質問ができない方などは、この手法に押し切られて買ってしまうこともあります。後々よく考えたら修繕費が大きくなるリスクがあった、売却が弱く家賃が下落・空室が悪化しそうな場合に売りたくなっても損切となってしまうなど、後悔することになるケースも少なくありません。そのような営業マンほど、在庫処理に頭がいっぱいでお客様の描く投資目標、戦略などに関して無関心であることも少なくありません。

「会わなければ資料を渡さない」という業者のすべてが悪いとは言いません。しかし、このような裏もあることを知っておいてください。

「会ってからの「その場営業」で、「流され決断」をしないように気をつけよう!」

15 とにかく早く買わないと急かされる罠

▼契約をとれなければ、仲介業者の報酬はゼロ

本項は、実は前項の続きのようなお話です。**前項の「会ってからでないと資料を渡せない」から、本項の「早く買わないと」に営業トークが移行した場合、その営業マンはほぼ9割以上の確率であなたに売りつけることが目的の営業をしています。**

とはいえ、私もコンサルタントをしている際に本当に良い物件が出てきて、かつそれがどこかの業者の専任ではなく単純な一般媒介であった場合、「他の業者が客をつけるかもしれないので、気に入ったのならば早めに検討したほうが良いと思います」くらいのことはお客様に言います。このレベルならば、想定を申し上げているだけなので、あまり押し

売り感はありません。

しかし、読者のみなさまの中には、

「今買付を入れないと確保できるかわからない」

「他にも検討中の方がいて、今日中に売れてしまうと思うので、御意思をいただくなら今日中に」

などと具体的に今・今日中などと急かされた経験がある方もいるかもしれません。

そのときの営業の心は、**「他業者より早く決めたい」「社内の他の営業マンより早く決めたい」**という、願望でいっぱいなのです。

みなさんもご存知の通り、仲介業者の収入は原則として仲介手数料3％＋6万円です。これを上限として減らすことはできますが、上回ることはできません。この報酬については、悪質な事例があるので後の項で紹介します。

この仲介手数料が確定するのは契約決済時のみです。他にどんな素晴らしい営業をしていようが、お客様の心をどんなに掴もうが、契約決済まで持ち込まなければ報酬ゼロです。

営業内容がどんなに良くても、決めなければ評価されないのが営業の辛いところです。

「早く買わないと」

「今一番この物件を有利に検討できるのはあなたですよ」

「今ならばこの物件を押さえることができますが、どうしますか」

「今日にはうちの顧客に一斉送信します。そうするとすぐ売れてしまうので、確実に決めるなら今が良いと思いますよ」

などなど、ニュアンスの強弱・語気の強弱などありますが、似たような趣旨のことをまくし立てて、焦らせるように言ってくるときは要注意です。

業者を見分けるキーワード「もう少し考えさせて」

もし、「本当に買いたい！」という段階ではなく、「興味あり」くらいの段階のときにこのような煽りを受けたならば、一度引いてみたときの営業マンの態度でよくわかります。

「興味はありますが、即決はできないのでもう少し考えさせてください」

このキーワードです。

そのとき、「わかりました。では、他のお客様にもご紹介しますね。ゆっくり御検討ください」などと簡単に引き下がるようならば、本当にその物件は他のお客様ですぐに決まるものなのだと思います。言葉を変えれば、「他のお客様ですぐ決まるので、あなたは2番手以降の候補として考えます」といった感じでしょうか。

しかし、「ご興味があるのならば、ぜひ現地に行きましょう」「お客様ならば特別に明日までであれば押さえられるようにします」など、条件を変えたり、強引に勧めようとして来るならば、これは確実に売りつけにかかっています。一旦引いて本当に自分に合うかを持ち帰って検討するようにしましょう。

もちろん、東京23区で「駅から徒歩10分以内、価格＜積算、利回り12％超、耐用年数20年以上残存」など破格の条件がそろった、多少のリスクを抱えても即決する価値がある物件ならば別です。そんな物件が出てきたら、営業が何を言おうと言わずとも判断できるようにしましょう。

「早く買わないと！」の裏を探って、本当にいい物件か売りつけかをチェックしよう！

16 提案内容にリスク面が入ってこない罠

▼業者がリスクの説明をしているかどうかチェック！

こちらは他の書籍などでもよく書かれていることですが、**「リスクを話してくれない営業マンはダメだ」**ということの詳細解説です。

お客様には「信頼が構築できないと、会ってからでないと情報は出せない」と言いながら、自分はその物件のリスクに関しては特に触れず、最終的には「投資は自己責任ですので最後はオーナーの判断がすべてとなります」と逃げおおせます。

これこそ最悪の不動産営業マンです。プラスに判断させるように歪めた資料を作成し、トークを構築し、マイナス面はうまく隠しつつ、いざ買う決断したらそれで終わり。

「投資は自己責任」と言うならば、すべてのリスクをオーナーに知らせるべきなのです。とはいえ、投資家も判断するための最低限の知識は持っておくべきでしょう。その手間を惜しむならば、コンサルタントに協力を頼むべきだと思います。

リスクと言いましても、大体は限定されます。入居づけリスク、オーナーチェンジの場合は旧入居者の属性（滞納など）、売却リスク、物件の大規模修繕リスク、周辺も含めた家賃下落リスク、その他告知事項に関わるリスクなど、少し勉強すれば想定して対応できるリスクはたくさんあります。

一方で、地震や落雷災害や事故への巻き込まれなど、行政資料のハザードマップなどでも予想できない内容については、想定するだけ心労となるので、保険などでのリスクヘッジを目指せば良いと思います。

業者もコンサルタントの中にも、あまり誠実でなかったりするところはあります。物件紹介について、ひどいときは紹介メールに借地物件なのに借地とわかる情報が書いていない場合などもあります。実際に弊社にご相談にいらした方の事例ですが、その方は物件選定も融資も業者任せで、そのまま提案された物件を契約しました。すると、その物件はなんと借地物件だったのです。当時は借地物件に対する融資も長期間でされた事情もあり、重要事項説明にもしっかり捺印がありましたが、ご本人は認識していないまま契約をしたようでした。

これは、明らかに大きなリスク事項である借地権という事情を、業者がお客様に理解させていません。メールのやり取りを見ても、お客様が借地権と認識している事情は認められませんでした。もしかしたら、借地権の怖さやリスク自体、わかっていなかったのかもしれません。

大事なのは、「業者がリスクの説明をしていないのでは？」という疑いの頭を持つこと。また、リスクの内容を想定して自分からヒアリングできることです。投資をするからには、最低限自衛のための知識は必要です。

業者の「大丈夫です」を鵜呑みにしない

また、厄介なのはリスク事項をリスクと説明しない場合です。こちらが「これはリスクなのではないか？」と思っても、「違います。これは○○な事情があるので大丈夫です」

と説明されるような場合です。

たとえば、「借地物件は融資がつきにくく、売却しづらいのでは？」とのお客様の疑問に対し、「借地物件でも、利益は出続けるので大丈夫です」など、質問をかわしつつ他のセールスポイントで強引に押し切る場合などがこれに当たります。

あなたが心配なリスクへの質問に対し、真っ向から「**弊社が行った調査・実績を基にした分析では、お客様が想定しているリスクは○○をしっかり行えば解決できます！**」などの回答をしてくれるところは及第点でしょう。

とはいえ、「その調査や根拠は公的なものか？」「本当にその回答は正しいのか？」というところまで心配してしまうならば、自分ですべて動いて裏をとるか、裏をとるコンサルタントなどを有効に使いましょう。

もっとも、そのコンサルタントの言うことも「信用できるのか？」ということまで疑われるような方は、もしかしたら信頼が重要な不動産投資の世界には向かない性格かもしれません。

投資である以上、リスクをゼロにすることはできません。しかし、**リスクを回避しながら投資を行っていくには、リスクを知らなければできません。**「**リスクに対する提案がな**

いような業者は切る」というのも一つの決断として良いのではないかと思います。

「最終判断をするオーナーとして、リスクに対する考えは常に鋭敏にしよう！」

17 物件価格が決まる仕組みについての罠

▼不動産に決まった価格はない

「不動産には価格の根拠がない」

これはよく言われることです。

これこそ、**不動産事業の一番の醍醐味であり、投資で成功するためのポイント**でもあります。逆に、**不動産投資で失敗をする一番のポイント**でもあります。

石油や金などはものすごくわかりやすいです。国際的な指標があり、それによってほぼ末端価格が決まります。野菜やその他生活用品も、大体「大根1本なら?」などと相場観は一般認識としてあることでしょう。

しかし、不動産には決まった価格はありません。相続税路線価や再調達価格という計算根拠などもありますが、それでは価格は決まりません。逆に、都内では路線価や公示地価よりも実売価格は大きく上振れし、地方では路線価で売れないことも多いのでもっと安くなる、という事象が往々にしてあります。

同じグレードの物件でも、そのときの売主の事情によっても価格は変わりますし、周囲の物件事情や融資事情によっても価格は変わってきます。

単純な需要と供給だけでなく、売主事情という特殊な要素が入ってくる。そこが面白いところなのです。

スーパーでもあります。賞味期限が近い見切り品を、〇〇%引きで売ったりすることが。あれは、確実に売らなければならない期限が決まっているので、「丸々損になるくらいならば安くしてでもある程度損切で済むならば良い」という考えです。

不動産も、「返済が行き詰ってしまって〇月×日までに現金を用意しなくてはならない」とか、「相続対策として生前贈与をしたいのでなるべく早く現金化したい」「家族が重い病気になってしまったので現金が必要だ」など、様々な事情によって相場よりも大幅に安くなるときがあります。

私も不動産の仕入れで色々な話を聞きましたが、いい土地が買えるのは企業同士の大きな話があるときか、困った方がいてそこから一気呵成《いっきかせい》に土地が動くときが多いです。この動きは、どんなに相場が高くなったとしても、なくなることはありません。あまり良くない言い方かもしれませんが、困って安く売る方はいつの時代もいるのです。

投資物件でも、その原則は変わりません。売主の困り度合いによって、投げ売りの度合いも変わってきます。買いたい投資家にとっては良い話ですが、もちろん反対もあります。

売値は売主の言い値

本書を執筆した2015年現在、特に中古物件の投資相場は上がりに上がっています。駅で定点観測しても、別に大きな再開発などもないのに、同じようなグレード・築年数・間取りの物件がここ3年で3割以上値上げとなっているところも珍しくありません。

私は東京都区部で、利回り11％以上の平成築RC1棟を仕入れたことがあります。今となっては、試しに売却査定を出してみると利回り6％くらいで売却提案が来ます。区分も例外ではなく、台湾・中国マネーの隆盛もあり、都内の良い立地ならば6%以上でも取引がされているようです。海外では不動産利回りが2~3%というのも珍しくないようなので、東京は割安なんだそうです。

加えて、2015年現在、一部メガバンクを筆頭に融資態度が軟化の極みとも言える状態にあります。多少利回りが低くても、好条件融資で利益を出すモデルが使えるのです。

そんな中では、物件価格がどんどん上がるのは、もはや止めようがありません。融資条件が厳しくなる、高値上昇しすぎて手が出ない物件ばかりになる、などの事情が出ない限りは、このままの上昇傾向は続くでしょう。

一つ言えるのは、「**売値は売主の言い値**」ということです。

今はその出し値の価格が高く、利回りは低くなる状況です。その状況では、後続の売主たちも強気に値段設定をします。

売りたい人は誰だって思います。「なるべく高く売りたい」と。反面、売れなければ誰もが思います。「安くするしかないのかな」と。

極端な話ですが、**売主は売りたい価格で売りに出している**と言っても過言ではありません。仲介会社も、売れなければ指値が入ることは織り込み済みなので、まずは売主の希望

図表3 パターン別　売主と売値の関係

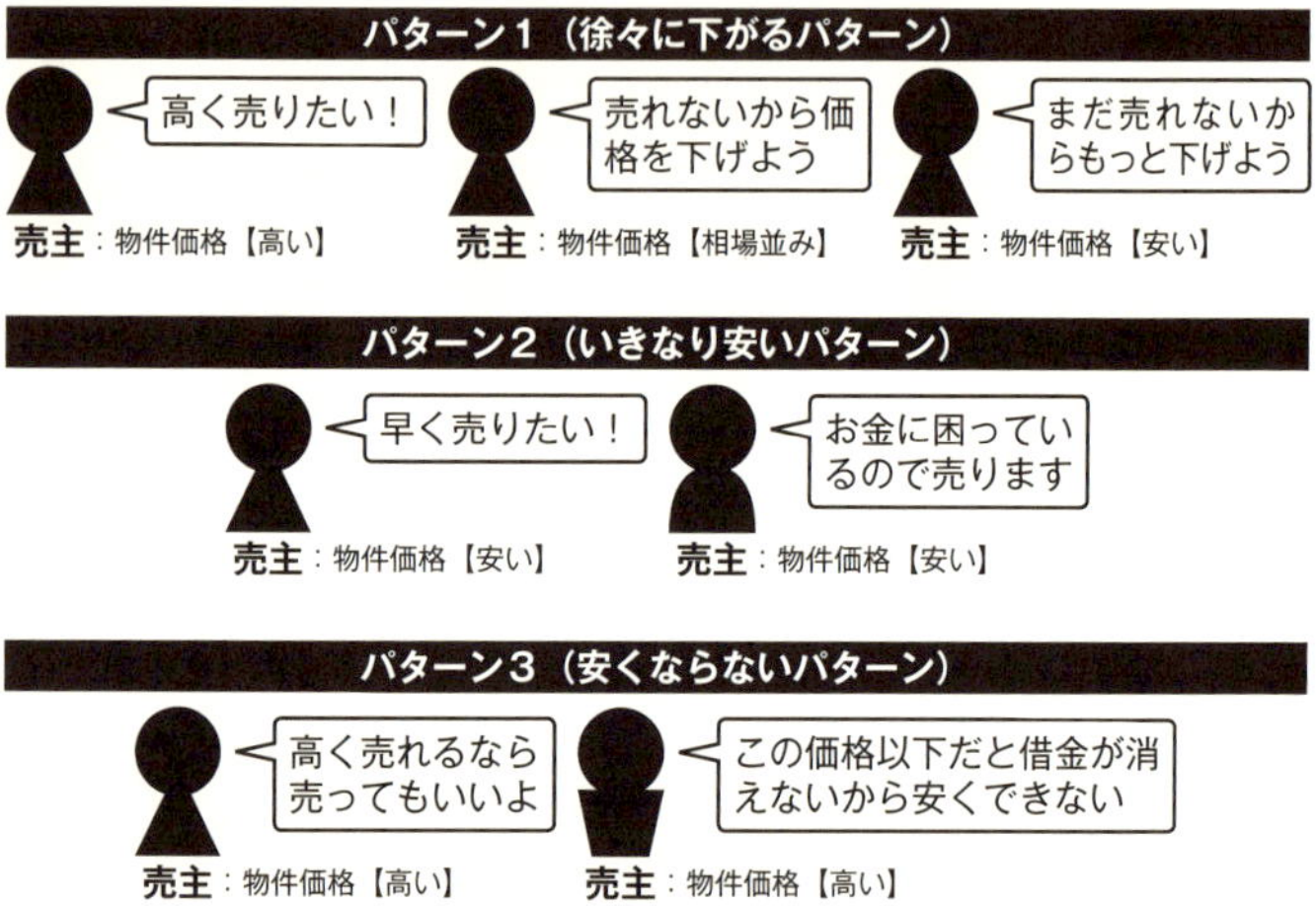
パターン1（徐々に下がるパターン）
高く売りたい！
売主：物件価格【高い】
売れないから価格を下げよう
売主：物件価格【相場並み】
まだ売れないからもっと下げよう
売主：物件価格【安い】
パターン2（いきなり安いパターン）
早く売りたい！
売主：物件価格【安い】
お金に困っているので売ります
売主：物件価格【安い】
パターン3（安くならないパターン）
高く売れるなら売ってもいいよ
売主：物件価格【高い】
この価格以下だと借金が消えないから安くできない
売主：物件価格【高い】

価格で出します。売れなければ、下げれば良いのです。しかし、今の相場では高めの価格で出しても売れていくので、下げる必要がありません。つまり、買い主側の希望価格＝指値が入る余地も少なくなってきています。

指値が通るとしても、売主は予め相当高めに出しておいて、指値を受け入れたように見せて、実際は希望価格で売りぬく、ということをしているかもしれません。

時には、待つことも大事

不動産価格は、買主の事情だけでは決められません。なので、**大事なのは自分の目標と、それを達成するための戦略を練って、投資の基準ラインを決める**ことなのです。

相場に準じた目標に修正するか、目標を達成できるまで、相場が反転するまで待つか、自分の年齢や環境・家族とも相談して決めれば、狙うべき価格や利回りは見えてきます。

私は、どうしても目標の利益水準に達しない相場ならば、**待つことも大事**だと思います。

相場が高いときには売却も行い、過去に所有した物件で収益を確定させても良いでしょう。

そして、相場が下がってきたらその資金を使って、次に安く仕入れれば良いのです。これが不動産で勝つための真髄だと思っていますが、なかなか難しいものです。

「物件価格は個人の事情で変わるが、相場の圧力を受ける。時には待つことも必要！」

18 家賃保証の罠

▼売れる物件なら家賃保証はいらない

こちらは、家賃保証といってもサブリースではありません。よくある「購入後○カ月まで空室分に関して家賃保証」というものです。

こちらに関してですが、今回は結論から言います。**本当に力のある物件ならば、家賃保証などはやらなくても良いのです**。売れる物件は、こんなことをしなくても売れます。また、値引き分を予め価格に含められるので、家賃保証は実際値引きでも何でもないのです。

たとえば、5150万円の売り物件があったとします。空いている部屋の家賃5万円を5部屋で、次の繁忙期まで半年間保証したとしましょう。すると、5万円×5部屋×6カ月＝150万円です。

パッと見ますと、「150万円分も負担してくれるなんていい売主さんだ」と思うかもしれません。また、入居開始から満室扱いで入金があるので、とりあえずは安心と思う方もいるのではないでしょうか。

しかし、この売買価格には売主希望5000万円＋150万円分の家賃保証代が上乗せされていると考えることもできるのです（実際の価格は、このような推定がされにくいように数字はブラしてくるでしょうが）。

つまり、買主としては何ら得をしていない可能性があります。結局自分で物件価格を多く支払って、その分が半年分割で自分に戻ってきているだけです。これでは、家賃保証分の価格が上がって仲介手数料が増えた分だけ、損になってしまいます。

私ならば、どうしても家賃保証をやってくれるというならば、客付けの調査をした上で問題なければ、現状の空室リスクは受け入れるので指値を申し出ます。

▼家賃保証の怖さ

また、家賃保証という制度でもう一つ怖いのが、**空室期間が長くて埋められないまま売却の局面に来てしまったので、見た目は家賃保証で満室のように見せている**、ということがあることです。

要するに、空室がなかなか埋まらない厳しい物件なのに、満室収入があるように見せて、実際は家賃保証が切れても空室が埋まらず、もしくは大幅な家賃減額をしないと埋まらず、結果的に家賃保証分以上の機会損失が発生してしまう、ということです。

やはり、売主がどうして家賃保証を付けたのか、裏を探らなければなりません。

余談ですが、今市場にある商品でシェアハウスの30年一括同値段サブリースという商品があります。あれは本当に30年間同じ賃料が保証されるので、安心に感じる方も多いようです。これにもカラクリがありますが、ここに書くと怒られそうなので、気になる方は面談や問い合わせにて弊社に直接聞いてみてください。

いずれにせよ、**家賃保証を付けるということは通常の売却にはない「裏がある」という可能性がありますので、目にしたときは注意して検討していきましょう。**

「家賃保証は単純に得になるとは限らない。本質がどうなのかチェックしよう！」

19 物件セールスの仕方の罠

▼セールスレターのここに注目！

本項は、物件紹介・セールスでよく見る内容についての解説です。売り手・仲介の想いがこもった文面、それが不動産物件のセールスレターです。

実は、弊社も業者からお願いされて物件をお客様に紹介することがあり、そこでこの技術を使っています。今後は、「泉和の小林さんはこの物件をこう思って紹介しているんだな」ということがわかってしまいますが、隠すことでもないのでぜひご参照ください。

○○駅徒歩圏

この意味は、「駅から徒歩で行けるレベルの立地」という意味です。大体は、徒歩10分より長く、最長でも20分以内で使っている方が多いです（15分以内で使う方もいるので、厳密には諸説あります）。

大体、不動産の立地は徒歩10分以内というのは一つの大きな指標となります。そのため、10分以内ならば「徒歩10分以内！」、5分以内ならば同じく「徒歩5分以内！」と大々的に書かれます。しかし、「徒歩15分以内！」とか「徒歩20分以内！」と書かれてもピンと来ない方が多いのではないかと思います。

そこで使われる言葉が「**徒歩圏**」という言葉です。

「徒歩圏」の認識については一般の方と不動産業者で差があるので面白いです。一般の方は徒歩圏という言葉を「10～15分くらい」と連想するようです。

実際歩いてみるとわかりますが、徒歩20分というのはかなりきついです。私ならば、徒歩20分の距離があるとタクシーを使うかどうか迷うくらいです。

徒歩圏という言葉に関しては、「徒歩1分＝80ｍ」のように明確な業界の定義がないため、結構曖昧に使われます。徒歩圏と発信している業者側としては、「徒歩で行けますよ」という認識＝20分以内くらい、見ているお客様側としては、「徒歩で行けるのか＝10分〜」という認識となり、徒歩15分とか20分と書くよりも印象が良くなるのだそうです。

年間収入〇〇万円

利回りの％が書いておらず、「年間収入〇〇万円」と書いてある場合があります。今はどの物件にも大体「利回り〇〇％！」という表示があるのですが、それがない形です。

この書き方は、特に都心のビルや大規模物件に多いです。これの意味するところは、「利回り〇％」と書いてしまうと低い水準だから見劣りしてしまう。そんな物件での工夫です。

たとえば、【東京都渋谷区　最寄り駅徒歩5分　5億円　利回り4％！】と書いてあっても、「利回り低いね」としか思わない方が大半だと思います。

しかし、【東京都渋谷区　最寄り駅徒歩5分　年間収入2000万円！】と書いてあると、「年間2000万円？　多いじゃないか」という感情を持つ方がいるかもしれません。

セールスレターは読んでもらわなくては意味がありません。「利回り4％なんてそもそも読む気なし」という方には開いてすらもらえないのです。そこで、物件詳細を開いてセールスレターを読んでもらえるよう、このような書き方をする例があります。

ちょっとしたポイントですが、物件価格を書くと瞬時に利回りがわかるので、物件価格も書かずに「年間収入」だけ書くパターンが多いように感じます。

築年・再建築不可について書かない

これは前記2つと比べると、少し悪質です。なぜなら、クリック率がかなり良くなるからです。たとえば、こんな感じです。

【東京都北区赤羽駅　徒歩5分　利回り14％　フルリフォーム済み　満室！】

思わず、詳細ページや添付資料をクリックしてしまうのではないでしょうか。もし私がこのレターを見たら、淡い期待とともに「再建築不可か借地権だろうな」という疑問を抱きつつ、念のためクリックします。

この書き方のずるいところは、「再建築不可」と書いていないことはもちろんですが、築年数や構造についても書いていないところです。

再建築不可物件かどうかは、築年数を見れば大体わかります。文字通り再建築ができない物件なので、リフォームをして建物を維持するしかありません。それこそ、住友不動産の「新築そっくりさん」のような、スケルトンリフォーム＋耐震補強、柱以外全建て替えのようなことをしても、築年数表示は竣工年にしなければなりません。

外観は綺麗なのに、「築年数１９７０年」などという物件を見ることがありましたら、ほとんどが再建築不可能物件です。融資もつきづらいので、値段が極端に安く設定されていることが多いです。

これらはあくまでも一例ですが、**謳い文句や見せ方に踊らされずに、必要な数字をしっかり確認して比較検討するようにしましょう。**

売りたいがために使う文句を、そのまま鵜呑みにしてはいけません。

「物件セールスの謳い文句は、悪質なものもある。内容検討は数字ベースでじっくりと！」

20 買付証明の罠

買付証明に法的拘束力はない

これは、題名だけではわからないかもしれません。

買付証明に関してですが、実はこれに法的拘束力はありません。あくまでも売主や他仲介業者に対して、**「確実に買いたいという意思の方が現れました」**というものをお伝えする書類です。

たとえば、複数の仲介業者が入っている場合には、買付がどの日付で出ていたかというのは、他業者との競争においては重要でしょう。

私も物件売却を経験したことがありますが、色々な業者に動いてもらった際に、

「小林さんすみません、購入希望のお客様が現れましたが、他業者から買付は出ていますか？」

というやりとりがありました。

一応、業者間においても買付の有用性は一定程度あることは確認できています。

買付証明が無視されるケース

しかし、売主としては確実に買える方や、もしかしたら少し高くても良いという方を優先したい気持ちがあるでしょう。また、売主側の仲介が少し遅れてお客様を連れてきた場合は、手数料の両手取りを狙って、少し前に入った買主側の仲介からの買付を、売り側の仲介が無視するかもしれません。

特に後者のような行為は業界通念上「信頼関係」を破壊するため、あまりやらないのですが、２０１５年現在、私の関わった仕事でも元付の仲介会社が自分でお客様をつけたいがために、すでに売主に提出して了承を得ていた買付を無視された場合も経験しました。

しかも、小さな業者ではなく財閥系の販売会社がこんなことをするのです。その場合はすでに融資も目途が立っていて、ローン特約なしで契約日時調整の段階だったのにいきなり、という形だったので最悪でした。

つまり、「買付を一番に出したからこの物件を一番で交渉できる！」という保証はありません。何やら仰々しく「早く買付を出してください！」と業者からせっつかれることもあるでしょうが、それで取引が確定できるということはないのです。

それを証明するのは「**買付は提出していただきますが、物件の検討は融資順となります**」とか、「**買付や融資の方向性が出ても、現金買いや融資特約無しでの契約希望の方がいた場合はそちらを優先します**」などの断りが仲介会社からなされる場合です。私は人気物件に関してこのように言ってくる業者に関しては、非常に正直な感じで良いと思います。

法律に詳しい方ならば、「不動産の取引も売買契約の一つであり、諾成契約となるのでは？」という疑問があるかもしれません。しかし、判例によると不動産売買は意思の表明だけでは成立せず、法に則った重要事項説明・契約書への押印が条件として必要だ、という解釈がされるようです。

確かに、買付証明に関しては不動産売買契約書のように法で決まった書式はなく、どこかの書籍や教材特典などをアレンジして、自作で使っている方も多いでしょう。つまり、意思表示だけなので何でも良いのです。

買付という制度には明確なルールや、蔑ろにした際の罰則なども存在しないため、その点は最後まで注意することが必要です。もっとも、どんなに注意をしたとしても避けられない売主事情には、買い主側はどうしても弱い立場になってしまうことがあります。

逆に、買付キャンセルで違約金発生という事例もほぼないので、そこは安心してください。

「買付には法的拘束力はない。そのため、取引が確約されないことも注意！」

第3章
融資打診段階での罠

21 融資の原則を知らない罠

▼融資の甘い謳い文句にご注意！

巷でよく目にする謳い文句を試しに書いてみましょう。みなさまも、「こんな融資に自分も取り組めるんだ！」と思ったことはありませんか？


「貯金のない私がオーバーローンで手出し0円から不動産投資！」

「年収○百万円（低い金額）でも、フルローンを受けて不動産投資！」

「アルバイトだった（学生など属性が低い）私が融資を受けて不動産で成功できた理由！」

このようなノウハウは、融資の原則から大きく外れています。

そもそも、不動産投資（小規模貸家事業）というのは、元々は土地を持っている地主のビジネスでした。

「裸の土地にしておくより、少しでも収入があったほうが良いのではないですか」

「アパートを建てれば、税務上の評価の関係で相続時にも有利ですよ」

という売り文句で地主に営業する建売業者の隆盛により、地方でも都内でもどんどんアパートは建ちました。

地主側としても、中途半端に広い土地があると売り先に困ってしまい、業者に買い叩かれてしまうという事情もあります。業者はそのような土地を仕入れたら、分割をして戸建用地として、建売物件として売ってしまったりするのです。良い立地ならば大きい土地のままでマンションや商業施設などが建つでしょうが、それは稀です。

私の実家近くにいた有力地主が亡くなり、広大な敷地が業者に流れたようで、周辺のコインパーキングの買収なども進んだ結果、ショッピングモールが建つことになった事例があります。恐らく、相続案件ということで相場価格と比べても相当安い取引がされたのだろうと思います。地主としてはアパートを建てておいたり、資産管理会社を使って株式の移動をお子様にできれば、うまく資産を移動することもできます。また、もし売ることになったとしてもアパートとしての売却もできますし、土地として買い叩かれなくても済むかもしれません。

そんな業者側の思惑と、地主の方の思惑が重なり、アパート事業は大いに隆盛しました。彼ら（地主）はそもそも広大な土地が担保としてあるので、融資も地元の金融機関で相当に良い条件で出ます。フルローンやオーバーローンも思いのままです。

▼頭金が支払えない場合

しかし、彼らのように担保に出せる大きな資産がない方が、不動産を購入しようとしたらどうなるか。当然、「頭金を入れてください」という話になります。個人の給与の信用力と言っても、担保を持っている（＝財産のある）方と比べたら信用力は落ちます。

銀行としては、安定的に払い続けてほしいのです。そのためには、物件に何かあったときに支払いが続けられるような属性であることも必要となります。たとえば、大きな費用が必要となったとき、入客が滞ってしまったとき、金利が上がったときなどにも、本業収入や現状資産で耐えられることが望まれます。

融資の姿勢として、絶対に頭金まで融資してはならないという決まりはありません。しかし、貸し倒れという最大のリスクを回避するために、**万が一の際にも貯金や他資産から補てんできるか**、というのは重要な判断材料なのです。

一般的に、金融機関が投資用不動産に対しての融資を行う場合、特にパッケージ型融資の基本視点は、「**頭金として最低でも物件価格の10％＋諸経費は現金で持っていること**」というのが定石となっています。メガバンクなどでは「**2割以上の自己資金**」と要求されることもあるかもしれません。それが、原則通りの不動産投資の融資の形です。

ただし、パッケージ型ではなく、個々に応じて組まれるプロパー型の融資の場合はこの限りではありません。しかし、この融資はパッケージ型と比べると非常に数は少なく、先述の通り総合的な資産を見て決められるので、資産が少ない方に良い融資が下りるかどうかは、ご想像にお任せいたします。

つまり、**フルローンやオーバーローンは、原則外の形**であることは理解してください。

その原則から外れることはできないのかと言われれば、負っていただくリスク次第では可能性があります。「リスクを負ってでも不動産投資をしたい！」という方には、そのリスクを説明しますのでどうぞこの先もご覧ください。

「融資の原則は頭金が必要な融資である。フルローンが普通ではないことを知ろう！」

22 オーバーローンの罠①

オーバーローンとは

ここから先は、原則外の例外の融資について書いていきます。言葉としてオーバーローンと書いていますが、本書では**「原則の融資＝価格の90％融資」**という定義で参りますので、価格100％のフルローンも、諸費用込のオーバーローンも同じ意味でお考えください。

一般的に、**「オーバーローン」**というとその手法は何種類かあります。一番良いのは、プロパーローンで正面から金融機関に承認をもらう方法です。また、通常は90％のパッケージ融資という原則のところ、業者やコンサルタントなどのつきあいの力、そのときの支店の状況をうまく利用して、特別にフルローンをもらう方法があります。しかし、前記2つはその時々によって使えたり、使えなかったりします。

また、**資産状況によってはそもそも前記2つの融資テーブルに載らない**こともあります。家庭環境や資産が普通のサラリーマンで、年収も平均年収並みか少し上回る程度、通常の預金以外に特別な資産がないような場合には難しいと考えたほうが良いでしょう。

この認識がどうもみなさまには欠けているように思います。私の無料相談に来る方にもかなり多い例を挙げます。

お客様「物件を買うときは、オーバーローン必須でお願いします」
泉和「オーバーローンの手法は誰から聞いたのですか？　書籍を読んだのですか？」
お客様「はい。本やセミナーで情報を得た限りでは、簡単にできるように感じました」
泉和「どうやってその融資を引くか、など具体的な手法・リスクなどはご存知ですか？」
お客様「リスクなんてあるのですか？　難しいことって何ですか？」
泉和「わかりました。では、融資の原則からお話しします。そもそも～（以下略）」

このようなやり取りがいかに多いことか。リスクや手法などを承知の上でお願いして下さるならまだ良いのですが、簡単にできると思って気軽にお願いする方が多いのは問題だと思います。

オーバーローンと言いましても、前記2種類のプロパー融資以外だと、パッケージの90%融資とその他の金額をカードローンや不動産担保ローン・他融資商品などの高金利な融資を組み合わせる、ということもあります。また、法に触れるような手段で金融機関を騙してオーバーローンを引くことも、実際に不動産投資の世界ではあることです。こちらに関しては、別の項で詳述します。

オーバーローンで実際にあった破綻話

次は、実際にオーバーローンであった破綻話について書きたいと思います。弊社に無料相談に来た方の失敗談に多少のフェイクを入れます。その方は、不動産を購入するにあたりパッケージで90%融資、それ以上の必要額を他融資商品でカバーしたケースでした。

パッケージ以外の融資は当然利息が高く、返済期間は短くなってしまうので、その返済に耐えられるような高利回りの物件を狙った、という方です。このケースは、昔から書籍でもよく書かれています。特徴は、貯金もあまりなく、年収も平均以下くらいの方が一発逆転で不動産投資を志す際に見るケースです。

その方の場合も、資産状況が芳しくないところ、無理して融資を引いたので、万が一の際に耐えられる金銭的余裕はありませんでした。

購入当初は順調に運営をしていましたが、運悪く所有物件で大きな漏水が判明。数百万円ものお金が必要となりましたが、その費用はなんとか修繕用の融資を引きました。もし、ここで融資が引けなければその時点で手詰まりになっていたでしょう。

なんとか修繕は耐えきったものの、このトラブルで入居者が何室か退去。近隣の家賃相場も購入時より大きく下がり、新規募集で家賃を下げる決断ができずにいたら入居率が悪いままになって、追加で増えた修繕用の返済額もあり、収入が返済に届かなくなってしまい、給与収入や貯金からの補てんも限界にきて……（特定を避けるため、少々フェイクを入れています）。

残念ながら、八方塞がりでした。残された手段は、恥を忍んで親からお金を借りて物件は家賃を下げてでも広告費を上げてでもとにかく満室にする、金融機関に一時返済を待ってもらう、その後も満室でもキャッシュフローは多くないので長い目でいいので債務を消せるくらいの値段で売却をする、という解決策でした。ちなみに、オーバーローン＋修繕費用が残っていたので、債務を帳消しにする額での売却は、元値より高値での売却が必須のため、相当に難易度が高くなってしまっていました。

このように、オーバーローンには大きな罠もあります。融資を大きく引いてしまうと、返済額が大きくなって万が一のリスクに耐えられない・売却が厳しいというリスクは、一般的に語られるリスクです。

「オーバーローンにはいくつか手法があるが、融資額が大きいということは大きなリスクもある！」

23 オーバーローンの罠②

▼オーバーローンの用途は様々

オーバーローンを引く動機は、様々あるかと思います。頭金1割と諸費用分が手元の貯金では足りず、でも買いたいのでオーバーローンを希望される方。何棟か展開したいけれども、はじめは自己資金を減らしたくないのでオーバーローンにしたい方。オーナー社長などで本業の運転資金に使う方。

一般的に不動産に対する融資は、融資期間が20年・30年と長くとれます。そうしますと、単純に今の不動産を買うために必要でなくとも、自分が描いている目標・戦略次第ではオーバーローンを使って現金を手元に置いておくという手段をとる方も少なくありません。

オーバーローンは万能ではない

しかし、オーバーローンと言いましても、好きなだけ融資をとれるほど万能ではありません。思うような融資額に達しないこともあります。当然と言えば当然なのですが、利回り10%・1億円・積算1億円の物件で、共同担保もなしに2億円の融資を引くことはほぼ不可能でしょう。

金融機関にも融資基準というものがあります。大手の金融機関は未だに「**積算価格**」という基準を重視します。最近多くの金融機関が採用している収益還元型の評価であっても、「**還元利回り**」という基準があります。

それらの基準に通らない額は、融資が下りないということです。積算評価型の金融機関は、単純な積算価格ではなくて、そこに金融機関の掛け目が入ります。土地は何掛け、建物は何掛け、などです。その基準は金融機関によってさまざまです。

収益還元であっても、利回りが5%を切ってしまうとか、あまりにも値段が高くなってしまうと、希望する融資が下りない可能性が高いです。

オーバーローンができるためには、評価が出る物件を選ぶことが必要不可欠です。

もし、あなたがオーバーローン必須で不動産投資に取り組みたいならば、立地や部屋の広さが～などということよりも、**銀行評価が売価以上に出る物件、かつ自分の属性でも取り組めるような金融機関を探すことです。**

「細かな条件は気に入ったけれど、結局オーバーローンができない物件でした」というのでは検討するだけ時間の無駄になってしまいます。

「いくら融資を引きたいのかを考え、そこから逆算して検討することも必要！」

24 法人融資の罠

法人融資には2種類ある

本書の情報は2015年時点のものですが、過去の傾向の場合は「これは過去の事例です」とコメントを書いています。何もなければ、2015年時点のものか、通説だと思っていただければと思います。

まず、法人融資には2種類あります。**①資産管理法人に対する融資**と、**②事業を行う法人に対する融資**です。これは、合同会社でも株式会社でも変わりません。

①資産管理法人というのは、言葉の通りです。代表一族の資産を管理・節税などのためにある法人です。法的には「私人と法人は別人格＝関係ないですよ」という原則はありま

す。しかし、資産管理法人は代表の資産を拠り所とした法人です。法的には別人格ですが、商業行為を行うとなると背景には必ず「**代表個人**」がいるので、融資に関しても、個人の属性を見られます。

②事業を行う法人は、これとはまったく逆です。個人の属性を背景とせずとも、商業行為が成立しています。法人の資産のみで安定的に利益が出ており、事業を行う主体として成立しているという意味でもあります。世間一般にある飲食店、小売店も、法人化されていればこの部類に入ります。当然、法人として独立して商行為ができているので、融資に当たっては法人の実績が重要視されます。

特に、サラリーマンで初めて不動産投資に取り組まれる方の場合、②の事業を行う法人を持っているケースは少ないと思います。士業や医者などの自営業者やオーナー社長なども、メインで自分が商業活動をしている法人で購入する、というよりは、①の資産管理会社を使う方が一般的には多いです。メインの商業を行っている法人で買うとなると、不動産は本来の目的外の商行為となるため、銀行から融資に難色を示される場合もあります。

したがって、かなり多くの方が「**法人融資=資産管理法人での融資**」となることを、ご理解ください。資産管理会社であるということは、大前提となる個人の属性が融資基準に

図表4 法人と代表者の関係（2種法人の比較）

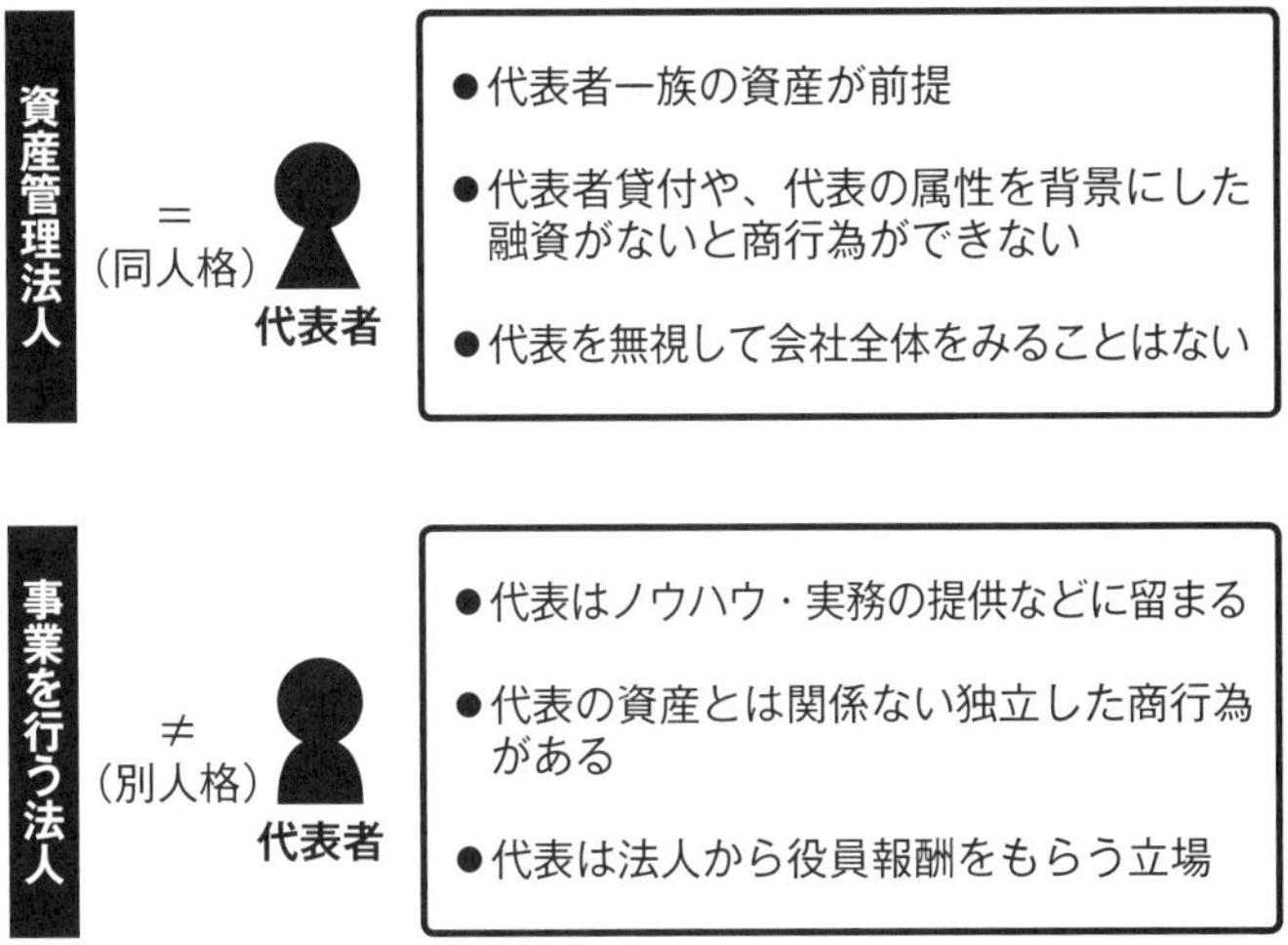
資産管理法人
＝
（同人格）
代表者
●代表者一族の資産が前提
●代表者貸付や、代表の属性を背景にした融資がないと商行為ができない
●代表を無視して会社全体をみることはない
事業を行う法人
≠
（別人格）
代表者
●代表はノウハウ・実務の提供などに留まる
●代表の資産とは関係ない独立した商行為がある
●代表は法人から役員報酬をもらう立場

達しないと、法人融資検討のテーブルにも載りません。その基準として、広義には「**資産を管理するほどの収入があること**」というのが必要です。具体的内容は金融機関にもよりますが、給与所得が１０００万円以上、もしくは相続対象資産が１０００万〜億の単位であるというのが一つの基準であると感じます。

給与は合算でも良いのか（奥様の年収には掛け目が入る場合もあります）、自営業の場合はどうか、などの諸事情はあるかと思いますが、２０１５年現在では大きく間違ってはいない認識だと思います。

▼法人融資は誰でもどんな物件でも受けられるわけではない

市販の教材や書籍では、不動産投資の最終形の一つとして「法人融資を受けてどんどん物件所有を展開していく」という内容がよく語られています。

しかし、これは資産管理法人ではなく、「不動産事業を行う法人としての融資」を前提としている論理が多いです。

こういった拡大論の大体が、**「不動産を事業として行う」「不動産事業を行っている法人として、プロパーの融資を受ける」**ということを目的としています。そのため、いきなり不動産投資を始めようとしている方が、その書籍の目標に到達するのは難しいでしょう。

これはあくまでも原則論の話です。当然、金融機関の融資はオーダーメイドのものもあり、支店の情勢、業者のつきあいの度合いなどで、多種多様に変化します。その内容によっては、原則以上の条件が出ることもあります。

しかし、そういった商品はやはり例外的なものです。本書をお読みのみなさんは、原則を理解して「誰でもどんな物件でも法人融資が出る！」ということではないことを御認識いただければ幸いです。

「法人融資の始まりは資産管理会社。
ということは、結局個人属性が重要！」

25 自己資金の見せ方の罠

▼自己資金は絶対に必要

本項では、これまで私が出会った様々な手法の中で、最高のメリットと最悪のデメリットを孕《はら》む手法を紹介します。それは、不動産投資に必要不可欠な自己資金についてです。

自己資金というものは、本来王道的な融資を組むならば物件価格の1割～2割は絶対に必要です。しかし、特に20代・30代など若い方で1000万円の単位で資産があることなどは、極めて稀であると思います。そういう方は「なるべく」ではなく、「絶対に」オーバーローンで購入をしなくては投資ができません。

しかし、そのオーバーローンをするにも、まったくの無貯金ではいけません。実際に使わないとしても、銀行に「**自己資金がありますよ**」と見せるための金銭が必要となります。親族からその費用を借りられるならば、そこはクリアできるかもしれません。しかし、親族からの援助も難しく、貯金が数百万円もない人は不動産投資ができないのでしょうか？

そうです。原則で言えばできません。しかし、その原則を破る悪魔の手法があります。

改ざん行為で自己資金を多く見せる

それが、**自己資金書類の改ざん行為**です。自己資金と言いましても、貯金・保険・積み立ての財形貯蓄・現物資産の金・株・外貨など種類は多くありますが、中でも貯金額を改ざんする行為で、自己資金を水増しさせる方法があります。

具体的に言いますと、紙の通帳は改ざんできないので、インターネットバンクの残高画像を画像編集ソフトなどで修正してしまうのです。最近の画像修正ソフトは、人間の顔をどのようにも変えられる性能があります。周囲の枠線などもうまく誤魔化し、わからないように数字を増やすことなどは、専門の人間からすれば簡単なことでしょう。

もちろん、この行為は悪質な**複合犯罪行為**です。通帳の額面を改ざんして使用する行為は**私文書偽造罪**に当たり、それを利用して不正に融資を引き出す**詐欺罪**にもあたります。いまだに面談に来るお客様から「こういうやり方を提案された」「こんなことやっても大丈夫なのか?」と聞かれます。私はそれを聞く度に、この業界のモラルを疑います。

自己資金がどうしても作れない投資家予備軍の方にとっては、非常に魅力的な提案に映ってしまうのでしょう。

▼改ざん行為は絶対にやってはいけない

しかし、絶対にやってはいけません。目の前で残高画面を確認させられたり、「最新の入出金明細をすぐに下さい」などと金融機関から言われてしまえば、簡単に発覚してしまいます。中には、「金融機関の担当もグルになっているから、大丈夫ですよ」と言う業者までいます。金融機関の担当も、自分の成績なので黙認する例もあるようです。

そんな提案をする業者を、抜け道を教えてくれる優秀な案内者と見るか、危険な道を教える怖い案内者と見るか、これは言わずもがな、かと存じます。

私がもし、相談者様からこの是非を問われるのならば、「**絶対にやめたほうが良い**」と言います。本書に具体的に書いているのは、悪い提案に耳を貸す方が減ってほしいと思うからです。

それでもどうしても「この手段をやろう」と思われる方へ。結果として、発覚したときの大きなリスクを負うのは、業者でも金融機関でもなく、あなただということを認識してください。

「自己資金の改ざん行為は、お金がない人にとって救いではない。絶対にやってはいけない!」

26 新築融資の罠①

▼土地から購入した場合の支払い

大体、不動産の決済というものは基本原則として完成物の引き渡し時に、手付金以外の残代金を一度に支払えば、それで終了となります。買主としても、売主としてもわかりやすく、そして手間もかかりません。

ただし、土地から探して新築の戸建を建てた方などは違ったご経験があるかと思います。この場合、まず探してきた土地を押さえなくてはならないので、土地のみ先行して売買を行います。所有権移転登記、土地代金の支払いなどもまずは土地だけについて行わなくてはなりません。

そうして購入した（もしくは購入手続き中の）土地に対して新築アパートを建てるならば、土地購入の目途が立ってから建築プランを入れて、実際に着工し、竣工後引き渡しが行われます。もし、先行した土地決済に関して融資を使っていれば、建築中で家賃収入がなかったとしても、土地代分の返済は土地の決済日からスタートしてしまいます。金融機関によっては、その土地代の返済分に関してはフレキシブルに、利息のみの返済でも良いとする猶予策をとってくれるところもありますが、原則通りに返済がスタートするところもあります。

これでは**「建物竣工→賃貸」として稼働するまでに、多額の返済金を準備しなくてはなりません**。もし、利息分のみの返済で良かったとしても、支払いがゼロになるわけではありません。大体の融資では、返済開始当初の利息割合は大きいので、少額の返済とはなり得ません。

また、**建物に関しても通常の中古物件では考えられない分割支払が一般的**です。具体的には、着手金（土地代という考え方もある）・部分払い（上棟時が一般的）・決済金という考えです。

そもそも、土地から建物を建てる際には、**工事請負契約**という契約をします。不動産売買契約はすでにある不動産の売買契約です。工事請負契約はまだない不動産を建てる契約（設計図書通りに完成させる義務がある契約）となります。

建設会社が実際に取り掛かる際、請負契約ならば本来は建物がしっかり設計通りに完成したことをもって引き渡しとなるため、原理原則から言えば完成物の引き渡し時に支払えば良いのですが、それでは建物完成までは無給で動いていることになります。大きな会社ならば良いかもしれませんが、地場の工務店などで何カ月か無給で工事をして完成時にのみ大きく収入が入るというのでは、雇っている職人さんに払う給与は一時的に会社の持ち出しとなる、など厳しい現状もあるのではないでしょうか。

ということで、**業界として着手金・部分払い・決済金ということで分割支払いが一般的となります**。これを融資で賄おうとすると、決済時の融資実行だけでなく、着手金や部分払いの分も「**決済までの間つないでくれる融資**」「**各段階で分割実行してくれる融資**」が必要となります。

土地代も、建物代もほとんどを融資で賄うのならば、**決済までの間に土地代すべてと、建物代の何割かの返済が物件完成に先駆けてスタートする**ことになります。

新築収益物件での注意事項

2015年現在では、特に新築収益物件が人気です。中古はどんどん価格が上がっているので、土地から自分で安く買って、建築も知り合いの建築屋さんに建ててもらう。そうすれば、普通の物件よりは利回りが良い商品が出来上がる、しかも新築、というメリットがあります。

しかし、土地からすべてを仕込んだ場合には「建築着手→建物完成→ある程度入居が決まる」までの数カ月の先行返済に対し、自分の懐から出さなくてはなりません。物件総額にもよりますが、50万円・100万円で済む話はほとんどないでしょう。

つまり、こういう**新築をやりたい方にとっては、自由にできる金銭が必要不可欠**となります。追加の仕様や設備変更などが最悪発生したとしても、安心な額は欲しいです。

また、今からする話に関しては完成済みの新築でも、土地からの新築でも一緒ですが、**建物が完成して無事に決済が終わるまで、信用情報が傷つかないように細心の注意を払わなくてはなりません。**

具体的にはこんな感じです。当初、新築の1棟アパートを契約したときには融資の方向も前向きで承認も出ていました。しかし、竣工までの半年間で、良い不動産が出てきたためにそちらも融資を受けて購入しました。半年後の新築決済前の信用調査では、以前になかった融資が判明してしまい金融機関の信用をなくして融資の実行がされなくなってしまった、という場合です。

つまり、新築物件の場合は契約から竣工までの間に、他の動きができなくなります。どうしても、という場合にはまず金融機関の担当者に、「新築の決済を控えているが、いい物件が出たので買いたい。どうしたら良いか（もしくは何もしないほうが良いのか）」と聞いてみましょう。十中八九、彼らも自分の成績が大事なので「**決済が終わるまでは目立つ動きをしないでください**」と言うと思います。自分の担当のお客様が他に融資を引こうとしているのを止められなかった、もしくは知らなかったとなれば、その銀行マンの評価はもちろん下がります。

安定と言われる新築物件でさえ、買う前の段階で罠が潜んでいるので、気をつけましょう。

「新築融資は分割実行や信用情報管理という点で特殊なことがある！」

27 新築融資の罠②

▼最低限の設備になっていないか

新築物件の罠をもうひとつ書きます。直接私が体験したわけではありませんが、伝え聞くところによると悪質な売り方をしている新築もあります。特に、土地から新築を建てる場合に起こるようです。完成済み物件ならば、すでに仕様なども確定した上で価格が決まっているので争点になりにくいですが、ゼロから建築プランを入れていくような形だと注意が必要です。

具体的には、**建築工事に際して最低限の設備しか想定していない工事内容を出されることです。**本当に「建築だけのプラン」になることもあります。そのような場合、見た目の建築費がとても安く、周辺の新築相場と同じ想定家賃を入れてくるので、当然利回りは高くなります。

しかし、実際に提示されたプランでは水道負担金も入っていない、2015年の新築物件では当たり前のシーリングやエアコンも入っていなければ、モニター付きドアホンもない、浴室乾燥機などもない、外構の自転車置き場もない、という周辺物件並みの最低限のグレードにすら届いていないことすらあります。そして、そこを最低限レベルに届かせるようにしたいと希望すると、「追加工事で○○○万円」と当たり前のように請求してきます。結果、利回りが大幅に下がってしまい、当面の先行返済も考えると、完成済み物件の方が良かったのでは？　ということもあります。

しかも、その修正が着工前の段階であればまだ良いのですが、工事が進んでいくうちに現地を見ていた段階でエアコンがないことに気づき、施工途中で追加工事を入れた場合などはもっと悲惨なことになることもあります。

買主さんとしては竣工前から入居者募集をかけなくてはなりませんから、絶対に必要なエアコン工事などはやってもらわなくてはなりません。すると、竣工までに絶対に必要な工事ということで、お願いするところは今着工している業者となることがほとんどです。

相見積などをする時間もありません。そこで、悪質な業者ならば工事費用を高めに設定します。エアコン自体の仕入れを市場価格ではなくてメーカー価格で設定したり、工賃を高めに設定したり、追加で発生する工事なので工事進捗修正などの名目で別費用を取るかもしれません。

こんなことがあっても、もしあなたが最低限度の建築を行う建築請負契約にサインをしていれば、その結果は甘んじて受け入れなければなりません。契約自体は、「**最低限度の建築をこの価格でやります**」という内容なので、そこから先の修正は業者の義務ではないのです。**自分で仕様や設置される家具・家電をしっかり確認する**などしないと、このようなことが起こる可能性があります。

▼新築物件の仕様は細かくチェックする

では、そうなってしまったときの、融資額はどのようになるでしょうか。

通常の住宅ローンであれば、追加工事はよくあることなのでそこに対応する金融機関も多くありますが、投資物件の融資の場合は違ってきます。追加の設備に関する工事については、単なる設備投資で建築費に相当しないと見るかもしれません。この設備投資に対する融資を別で使うのであれば、また新規融資商品での審査となるため時間もかかります。最悪、竣工に間に合わなくなってしまう可能性もあります。そうなれば、遅くなった分だけ返済金の持ち出しや機会損失も発生してしまうのです。もし自己資金が足りない場合は、その追加工事分を負担できずに竣工を迎えなくてはならないかもしれません。

こんなことにならないよう、**新築物件の計画をするときはその仕様を細かく確認しないといけません**。昨今は善良な業者が多いので、ここまであからさまなことはなかなか起こらないですが、チェックを怠ると万が一の事態はあります。

すべてが見積り通りに行かないかもしれませんが、それが怖いのならば追加工事費用も考えた融資組を予め打診しても良いかもしれません。融資額の増加にはネガティブな金融機関も多いですが、減額に関しては比較的柔軟な所も多いようです。

「新築の工事費は、内容をしっかりチェックしないと
追加工事費が莫大になることもある！」

28 物件評価の罠

物件評価には3種類ある

これは、大きなテーマです。金融機関が大きな額を融資してくれるにあたり、その物件に対する金銭的な評価は絶対に必要不可欠なわけです。

しかし、**各金融機関とも厳密な評価の基準については明かしてくれません**。それは、どういう基準で融資を出すかということは、他行との競合にも関わる機密事項だからです。

とはいいましても、大体の目線は教えてくれます。不動産業者側としても、どんな条件の物件なら取り組んでくれるかがわからなければ、持ち込みをするだけ無駄ということにもなりかねませんから。

大まかに、物件評価に関しては3種類あります。

・積算評価（土地価格＋建物価格）
・収益還元評価
・積算と収益還元の両面から見る

各用語の説明については、本書は初心者用ではないので致しません。本書では何をお伝えするかと申しますと、その言葉の先にある金融機関の実態です。

▼金融機関の評価の実態

金融機関の評価方法については、実はわかっているようであまり明らかになっていません。積算評価に関しましても、額面通りに見ないことも多くあります。積算価格での評価法を採用しているとは言っても、金融機関ごとの水準が存在します。たとえば、建物価格を修繕状況によっては相場より多めに評価をしたり、地方ならば土地を路線価から何割か減少させて算入したりします。

収益還元評価に関しても、金融機関なりの基準があります。基準となる還元利回りにも、金融機関すべてに同じ基準があるわけではなく、**「この地域でこの構造でこの広さならば、大体このくらいの収益が欲しい」**という金融機関ごとの基準があります。

金融機関とつきあいの長い業者ならば、ある程度はその基準も知っているかと思いますが、その精度も100%ではありません。大体この地域で○%くらいの利回りの物件を持ち込んだら承認が出た、△%では融資が下りなかった、などの事例を経て、**「このくらいの基準なら大丈夫だろう」**という経験則に基づく予測となっていることが多いです。

また、金融機関によっては、**固定資産税評価の基準価格を参考にしたり、実勢の土地価格を参考にしたり、入居率も厳しく見たり**、というところもあります。基準が曖昧だからこそ、何度も持ち込んでも結果が出ず、時間の無駄ともなりかねません。ご自分で金融機関に持ち込みをする際にも、業者に持ち込んでもらう際にも、可能な範囲で融資の傾向や基準の一端でも聞き出すことは重要です。

そこは、どのように聞けば教えてくれるかというテクニックより、ざっくばらんに聞いてしまうほうが良いと思います。難しいなら難しい、できるならできる、と言ってもらえるようにしてもらった方が良いでしょう。
可能性のない持ち込みをするだけ、無駄な時間となってしまうかもしれませんので。

「銀行の融資基準は完全にはわからない。聞くときは素直に聞いて、時間の無駄を省こう！」

29 金融機関の融資姿勢の罠

金融機関の融資姿勢は実に変わりやすい

本項は、**「融資姿勢は不変のものではない」**ということについてです。「何をあたりまえのことを」と思われる方もいるかと思いますが、実に大事なことです。

こと投資用不動産物件に関しては、その基準は非常に変わりやすいです。対象物件を拡大し、対象属性を拡大し、どんどん融資を出すときもあれば、とても高い属性の方でないと融資を受け付けなくなったり、そもそも投資物件に対する融資が出なくなるということもあります。ちなみに、**融資が出なくなるというのは、ハードルが上がり過ぎて普通の人ではほとんど融資が下りない、**という意味です。一部の超高属性の方ならば、いつでも融資は出る可能性が高いです。

本書を書いている2015年現在では、融資はどんどん加熱している印象を受けます。投資用不動産への融資に関して、メガバンク系でも資産管理法人に対して耐用年数残期間よりも多い年数で融資を出していたので、それにつられて地方銀行・ノンバンクも融資対象を拡大したり条件を良くしたり、融資合戦が起きている印象です。

加熱する融資状況をうまく使って、良い融資条件を引き出して物件をご購入できた方も多いのではないかと思います。

ところが、その姿勢にもいずれは終わりが来ます。投資用物件によく融資を出していた銀行も、そのうち融資を絞り始めます。それは、**銀行全体の融資商品構成や融資額比率の問題**など、私たちの知らない基準での意思決定によるものです。

▼金融機関の融資姿勢の歴史

具体例を出しましょう。

２０１０年くらいのとき、某銀行の不動産投資物件向け融資商品は隆盛を極めていました。融資申し込みの年収制限も日本の平均年収以下でも良く、耐用年数を過ぎた木造物件にも融資期間30年を出したり、飛ぶ鳥を落とす勢いで融資を出していました。その頃に不動産投資を勉強されていて、この銀行の名前を聞かなかった方はいなかったのではないか、というくらい不動産投資業界ではメジャーになりました。

しかし、２０１３年後半～２０１４年には融資の姿勢がまったく変わってしまいました。それは、年収の制限です。恐らく、「融資全体の枠組みの中で投資用不動産に対する融資を絞るような方針変更があったのでは？」「金融庁から何らかのコメントが入ったのでは？」と想像しますが、いずれにせよ制限が入りました。

この金融機関の方針変更を受けて、不動産投資業者の間には危機感が広がりました。にわかに融資を得るのが難しくなり、今まで購入を進めることができた中～低属性の方に投資用物件をお勧めすることができにくくなりました。

このように、ある程度のボーナスタイムと言いますか、融資が過熱する時期を経ると、どこかでその加熱した融資商品は絶対に下火となります。銀行としても、一つの商品であまりに多くの融資額を稼いでしまうと、その市場に変化があったときに対応できないので、比率を調整しているのでしょう。

けれども、融資の市場というのは面白いもので、1つの金融機関が積極的にしていた融資商品を絞ってきたとしても、その理由がネガティブでなければ、絞られた分野を取ろうとして他金融機関が同じような商品を出してきます。

事実、先述の2013年～融資態度緊縮化の後に、複数の銀行が明らかにその商品を意識した融資商品を展開するようになりました。

▼融資姿勢が変わってもあきらめない

あなたが狙っていた銀行の融資姿勢が変わったとき、あきらめずに情報収集を続けてください。

しかし、**そもそも法改正などで根本から当該商品への対応が変わる際などは、気をつけたほうが良いでしょう。**大体は、金融機関内部の事情で融資を拡大する・様子を見るということが判断されることが多いようなので、あきらめずに探せば結果が出ることが多いようです。私も、「どこかの金融機関で融資姿勢に動きがある」などの情報は最優先で集めるようにしています。

「融資商品や基準は時により変わるが、一方が廃れればまた一方が興ることもある！」

第4章

契約～引き渡し段階での罠

30 融資特約の罠

▼融資特約とは

不動産を購入するにあたって、融資を利用する場合がほとんどかと思いますが、その場合には大体**融資特約付**で契約がなされます。

融資特約付契約は、融資の方向性がよほど確実でないと、通常は行われません。融資が確実でないのに契約をして、結局融資が下りなくて「契約解除です」となれば、売主も買主も仲介も、すべての時間が無駄になってしまいます。また、手付金の返還などの手続きも発生して面倒なことになるので、あまり好まれません。

したがって、融資の方向性が出ないと通常は融資特約付の契約を了承してもらえないと思います。そのような契約のため、どうしても融資の方向性が早く出た方に契約を先んじられたり、現金買いの方が先に契約したり、ということはよくあります。

また、そういう競争を回避するために、人気の物件の場合は「融資特約なし」で契約がされることも多いです。その場合、万が一融資が下りなければ手付金放棄や違約金での解除というリスクを負っての契約となります。

融資特約の原則

しかし、この融資特約の内容についても原則があります。それは、そもそもの不動産投資融資の大原則に関連します。

不動産投資に対する融資は、原則として価格の8〜9割の金額で行われます。

しかし、みなさまはこういう言葉が大好きでしょう。

「フルローン」

「オーバーローン」

もしあなたが売主で、買主がオーバーローンの希望をしていたらどうでしょうか。明らかに原則から外れた内容です。確実に「実現できます！」と言えるのか？　融資特約に書いても解除にならないか？　売主ならばこう思うのではないでしょうか。私ならば、通常の融資で買っていただく場合に比べるとハードルの高い取引になるな、と思います。

契約書に記載する融資特約には詳しい条件の欄があります。この条件は、当然売主が納得した条件でないと、記載されません。

そして、この**融資特約にオーバーローンの条件が記載されることは、通常はあり得ません。**

もし契約書にオーバーローンが融資特約として載っていたとしましょう。そして、あなたが違法な手段を使ってオーバーローンをしようとしていた場合、**その契約書が「違法な行為をすると知っていて放置した」証拠になってしまう**のです。

そういった理由もあり、売主が了解してオーバーローンで進める際にも融資特約には価格の９割の融資額が記載されることが多くなります。買主側としては、「オーバーが出ないと買いません！」と言いたいかもしれませんが、売主側の事情も考えていただき、それを無理強いすることはできないことが通常だと思っていただければと思います。

融資特約があっても安心してはいけない

もし、あなたがフルローンやオーバーローンを希望していて、しかし融資特約には価格の9割の額が記載されており、結果9割しか融資額が出なかった場合にはどうなるか。

そのときには契約は有効に成立するので、自己資金を使うほかありません。たとえあなたが**オーバーローンを希望していても、融資特約の内容は90％なので、融資特約による解除は認められません**。つまり、負担なしでの白紙解約はあり得ません。解約をするならば、融資は出ていて自己都合での解約となるので、手付金放棄か違約金発生は避けられないでしょう。

このように、「融資特約があるから絶対に安心だ」ということはありません。あなたが希望する融資の内容によっては、融資特約に思ったようなリスク回避効果がないこともあります。

「本当に手持ちのお金がまったくない」「親族などから一時的にでも借りられない」という状況ならば、不動産投資はやるべきではないと考えます。そんな状況で解約せざるを得なくなれば、投資をする前から数百万円の損失が発生します。

もちろん、可能性は低いですが、融資特約の条件をこちらが言った通りにして下さる売主もいるかもしれません。そのときは、普通はやってもらえないことをしてもらったと思い、感謝の意を伝えたほうが良いでしょう。

「融資特約の内容は買主の好きには決められない。オーバーローン希望の際は要注意！」

31 ぶっつけ本番契約の罠

▼初めての契約では意味を理解できないままサインしてしまう

「不動産の契約は実に形式的で、書類の長い読み合わせが進んでいき、あとは書くところを書いて判を押して終わり。質問をしたいと思ったけど、わからなかった。でも、契約書はしっかりした宅建業法に則った形式だから大丈夫だろう」

という印象を持つ方はいないでしょうか。

実は、これがほとんどのお客様が陥る罠です。罠とは言えないまでも、初めての不動産契約では、書いてある内容を追うので精一杯です。宅地建物取引士が一通り読む契約書の「意味」を考えるだけで精一杯であることが多いです。

しかも、何ページもそのまま読み進められていき、ある程度読んだところで「何か疑問点や質問はありませんか？」と聞かれても、まだ意味を自分の中で咀嚼《そしゃく》できていないから質問もできません。読み終わってサインさえしてしまえば、法に則った説明を受けて理解して、「了承しました」という証明になってしまいます。

確かに、これで法的には問題ないかもしれません。でも、いきなり数千万円～という高額な契約書を読まれても、その場では面喰ってしまいますよね。法が期待する「理解」まで行かずに契約となってしまうことが如何に多いことか、と思います。

これが、「ぶっつけ本番契約」の罠です。後から、「この特約条項ってどういう意味ですか？」「この条文は私に不利みたいだけど、大丈夫ですか？」ということになったとしても、〝時すでに遅し〟です。

契約書の草案を事前に見せてもらおう

これを防ぐには、**契約書の草案を事前に見せてもらう**ことが大事です。不動産の素人の方でも、1～2日じっくり読めば、用語や意味を調べつつ自分なりの理解をして、質問や修正要請などをすることも十分可能でしょう。もしくは、**コンサルタントやメンターに聞いて契約書におかしなところがないか、自分に不利になっている点はないか、見てもらう**こともできるかもしれません。

これをいざ契約の場でやろうとしても、修正などを依頼できる雰囲気ではなく、「もう契約することが前提」という空気で進んでいくかと思います。読まれている内容も、投資の勉強を少ししたくらいではわからない用語も多いと思います。

大事なことを見落としたまま契約してしまったケース

そのまま説明が進んでいって、大事なことを見落としたまま契約がされてしまうことがあります。私の相談事例の中で過去にあった具体例を出しましょう。

その方は、投資初心者でした。過去、区分マンションを買い、ようやく一棟物にチャレンジしようという方でした。

その物件は、その地方では栄えているところに位置している割には建築年数も若く、利回りも高く、非常に良い物件だと思って、現地調査などを経て、融資は業者に任せて、方向性が出たところで契約となりました。

その方は業者を信頼していたので、契約書の事前チェックは行いませんでした。手付金入金。そのまま、契約当日。契約書の読み合わせは流れるように終了し、署名捺印で契約完了。その後の管理運営も非常にスムーズでした。

ある程度年数も経ったので資産の組換えをしよう、と考えて売却打診をかける際に、諸々の条件を確認していたところ、信じられない事実が判明しました。

なんと、この物件は既存不適格物件だったのです。売却を依頼した業者が「これはおかしい」と思い、役所に問い合わせた結果、間違いなく既存不適格物件であるとわかりました。しかも、お客様自身がそのことを知らないという状況でした。

契約書には、しっかりと既存不適格物件の旨が書かれています。署名と捺印もあります。ただし、物件概要書のシートにはその記載はありませんでした。

お客様としてはこう言いたいのだと思います。

- 物件紹介メールには記載がなかった。

- 契約時にザーッと読まれても、わからないので気づかなかった。
- この損害をどうにか業者に払わせることはできないか？

結論、「これらの訴えは非常に難しいです」ということになってしまいました。

私はかなり悪質だな、と思うのですが、**故意にメールの文面や簡易的な物件概要書に、そういった情報を書かない業者は、一定の頻度で目にします**（「詳細はお問い合わせを！」などと書いている例もあります）。

わかる人からすれば、相場から著しく離れた利益水準の物件がネットを通じて一斉配信などされようものなら、十中八九何か問題があったり、借地か再建築不可だな、と想像するかと思います。しかし、素人の方にはこれができません。

▼ぶっつけ本番の契約はNG！

このケースの場合、すべては、**契約の前に書類の事前確認をせず、融資も出るからと安**

心してぶっつけ本番で契約に臨んでしまったことが原因でした。**必要以上に業者を信頼してしまって、自分での確認を怠っていることも原因**かと思います。

結局、この事例では売却をしても二束三文にしかならないので、大きなリフォームをして物件を持ち続けるという選択となりました。テレビの某リフォーム番組のように、柱以外全部を直すとすれば、再建築不可でも行うことができます。

結局、この物件が大きな足かせになってしまい、資産の拡大にも大きな「待った」がかかってしまいました。

「契約書は絶対に事前確認を。全文読むつもりで、騙されないように注意しよう！」

32 契約を売主側の業者主導で進められる罠

売主側の業者主導で契約が進められてしまったケース

これは、2015年春現在でも、横行している非常に悪質な手段です。どちらかというと、業者としての矜持《きょうじ》に反するような事例です。

私も実際に巻き込まれたことがありますが、あまりにも自分勝手な業者側の言い分に、怒りで身が震える思いをした記憶があります。

これも、具体例を交えて話していきましょう。

Aさんがとある投資物件を気に入り、買付を入れて契約の申し込みをしました。この時点では仲介業者曰く、一番手で申し込みを入れています。そのままAさんは融資も問題なく決まり、あとは契約を待つだけとなりました。融資の方向性も確定に近いので、売主としても契約を遮る理由は何もありません。仲介会社も「契約日程を決めるので、いくつか都合の良い日程をください」ということで調整に動いてくれていました。

しかし、そこから契約の日取り案内がいつまでも来ません。融資の方針が出てから1週間待っても来ません。担当に売り側の仲介会社に確認をしてもらっても、「今調整中なのでお待ちください」の一点張りです。

金融機関からは、「契約の日取りはいつですか？」「決済の日取りはいつですか？」との問い合わせがAさんのもとに入ってきます。しかし、契約の案内は一向に来ません。

「ひょっとしたら、何か悪いことが起きているのでは？」

物件を気に入っていたAさんを漠然とした不安が襲い、何とか情報を取ろうと試みますが、売り側についている仲介会社は明らかにしてくれません。

結局、売り側の仲介会社経由で他のお客で決まってしまったという報せが入りました。一番手で申し込んだのに、向こうの都合で契約の案内が来なくて、契約できなかったAさんは、当然納得できません。どうしてそんなことになったのか、その理由は恐るべきものでした。

図表5 仲介手数料の取り方（両手と分かれ）

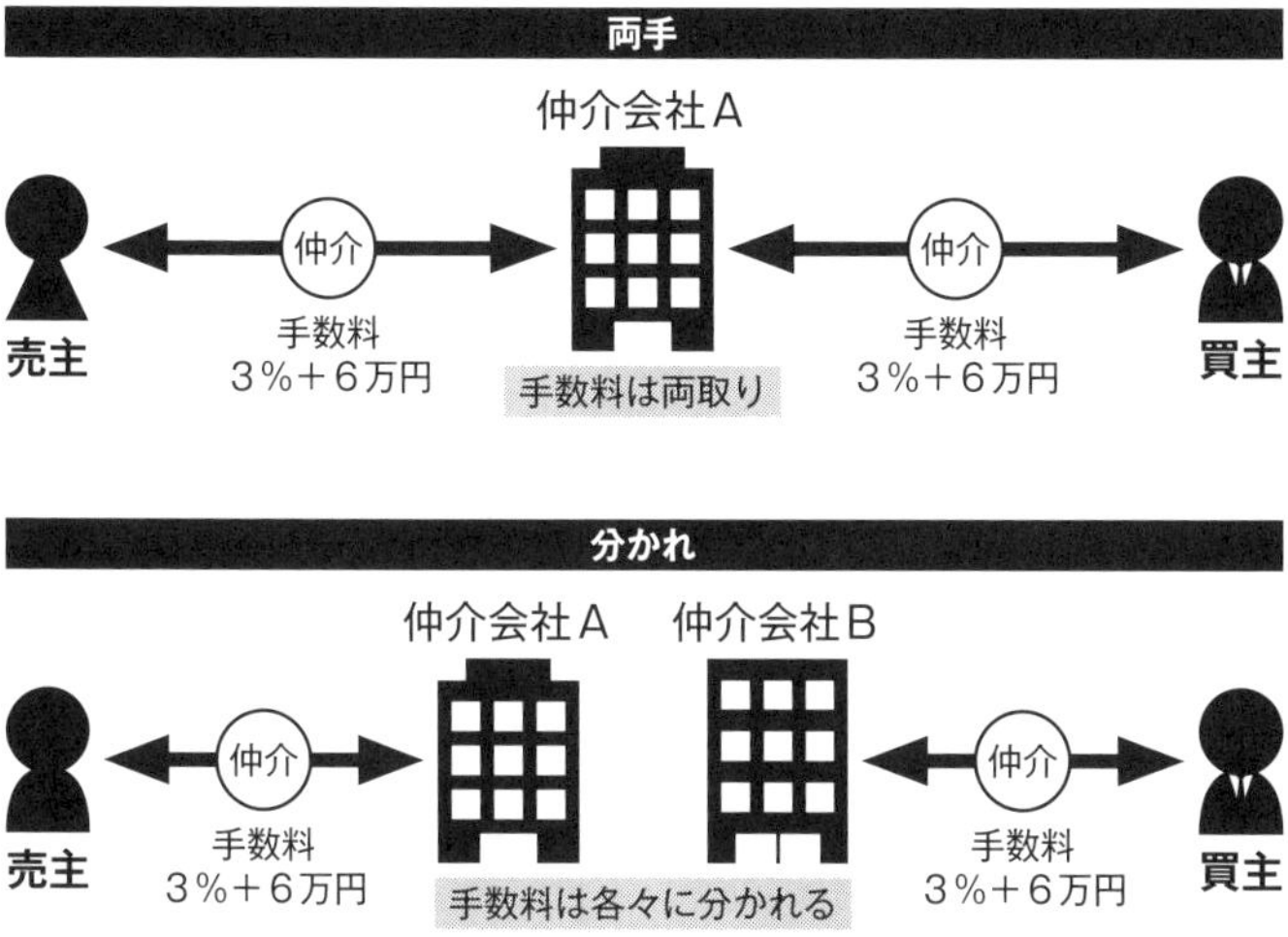

それは、**売り側の業者が手数料を独り占めしたいがために、順番が遅かった自分のお客を優先して進めた**というものです。

仲介会社は、不動産仲介をした報酬として、契約者から最大で不動産価格の3％＋6万円の報酬を受け取ることができます。もし、仲介会社が買主との仲介を成立させたら、3％＋6万円です。売主との仲介を成立させたら、同じく3％＋6万円です。自分の仲介で、買主・売主両方を斡旋したならば、6％＋12万円の報酬がもらえます。

仲介手数料の取り方については業界用語で、**分かれ・両手**と呼びます。仲介業者1社で売主と買主両方をつないだならば、1つの会社に売主と買主がくっつくので両手取りになります。反対に、買主に1社、売主に別の1社だと各仲介会社から出ている仲介の線は1つとなります。1つの不動産取引に対し、業者が2つに分かれています（図表5）。

業者としては、両手でも分かれでも1つの不動産取引という手間は変わらないので、**どうせならば両手を取れた方が利益率は良くなる**わけです。両手でも分かれでも、その物件の調査や資料作成、営業活動などの手間はほとんど同じです。むしろ、仲介会社が2つになるとやり取りの手間が発生するので、その分時間がかかってしまうかもしれません。

もっとも、仲介も常に両手を目指すわけではなく、1社での営業では時間がかかりそうな場合や、お客様の意向ですぐに買い主を捜してほしい場合などは、自社だけでなく他社に協力を依頼することもあるでしょう。

もしそうなった場合には、業界の矜持として、協力仲介業者のことを尊重しないといけません。営業協力を依頼しておきながら、自分の所にお客様が現れたら、協力業者を蔑《ないがし》ろにするというのでは、一般的なビジネス関係としても非常に上から目線で失礼なことです。

今回のAさんの事例では、残念ながらこれが起きてしまいました。Aさんからすでに契約の意思はいただいていたものの、その進行中に売り側の仲介に購入希望のお客様が来ました。そこで、自分のお客様が買えそうなのでそちらに売って、手数料の両手取りを狙ったのです。Aさんは、体よくキープの客として扱われてしまったのでした。

むしろ大手不動産仲介会社に多いケース

「こんなこと本当にあるのか？」と思われる方もいるかもしれません。残念ながら、これは中小不動産仲介会社が裏切るというよりも、**むしろ大手の不動産仲介会社でよく見られる現象**です。それこそ、名前に財閥の名前が入っている不動産販売会社などにも見られます。

もちろん、誠実な不動産会社も多いですが、支店の雰囲気や営業マンによっては、このようなことが起きてしまいます。

大企業だからと言って、中小の不動産仲介会社を蔑ろにして良いということは絶対にありません。本当ならば、事例ごとに大きく糾弾をしていきたいくらいです。大手なのにこんなことをやって恥ずかしくないのか、と。

残念ながら、**この罠を回避するには、売り側の業者に仲介をお願いするしかありません。**どんなに優秀な営業マンでも、買い側と売り側で業者が分かれているとき、売り側の業者が暴走してしまったのを止めるのは、事実上、非常に困難です。

もし、その不動産会社の役員や、その不動産会社のグループ上位の会社役員などに知り合いがいれば、その方経由で圧力をかけてもらうなどの手段はあります。しかし、現場営業の裁量が非常に強い不動産販売の世界では、たとえば一定の権力がある支店長ぐるみで主導しているときなどは、その圧力も届きにくい場合があります。

このようなことが起きた場合には、残念ながら運が悪かったと思ってあきらめるほかないでしょう。明確な証拠があれば、自治体に相談するという手もありますが、実際に金銭の損害が発生していないと、なかなか具体的に動いてくれないことが多いです。

私も住友不動産に在籍していてよくわかりましたが、このご時世でも**人物のつながりや信頼といったものが強く重んじられるのが、不動産という業界**です。その協力関係を、目先の利益に目がくらんで崩すような者があれば、信頼関係を裏切る業者にはどこかで不利益が落ちてくると信じたいものですね。

「業界の矜持に反して、好き勝手に顧客操作する仲介業者もいるので、注意しよう！」

33 新築で放っておいたら何をされるかわからない罠

▼油断できない手抜き工事や施工不良

ここからは、特に2015年現在で流行している新築投資についての罠です。もちろん、原則としてはこんなことは起こりません。なぜなら、建築の際にはしっかりと決められた設計図書があり、現場の大工さんは現場監督の下で決められた設計を守って、決められた部材を守って施工するからです。

しかし、制度として決められていても、世の中には手抜き工事・施工不良などが後を絶ちません。一体どうしてか？　それは、**施工会社・売主が利益のために暴走してしまうことが原因**です。

工事のスケジュールを無理のあるギリギリのものにしてしまった結果、部材の発注をミスしたときにも再度発注をしないでそのまま済ませてしまうなど、ずさんな例もあります。

これは非常に大きな、深刻な問題です。仮に、完成した後に建物主要部位に何か問題が発生して、あなたが気づいたとしましょう。もちろん、建物主要部位なので新築から10年間の補償義務が業者にはあります。

しかし、すでに入居している方に迷惑をかけて、場合によっては部屋内に立ち入って大きな工事をしたりしなければなりません。もっと深刻な場合だと、一旦退去してもらわなければならない工事になることもあります。

そうなると、その間の収入は減ってしまいますが、返済自体は続いていきます。この減った収入を何とかするには、設計会社などを間に入れて業者側に損害賠償請求する手段がありますが、それもすぐには決まらず、時間も精神も消費してしまうことでしょう。そうなれば、新築アパートで安心の家賃生活など、実現できません。

▼不動産投資で高い利回りをあげる理由は3つだけ

私が見てきた事例では、新築にもかかわらず利回りがかなり高く出ていた事例で、これに類するようなことがありました。

新築アパートで利回りが高い商品を提供できる理由は、以下の3点しかありません。

①土地を安く買えたか
②建物を安く建てたか
③①と②の両方か

これだけです。

結局、利回りを高くするには家賃収入を高くするか、購入時の金額を安くするしかありません。家賃収入は新築の場合は想定の収入になってしまいますが、周辺相場と比べるので、設備費用をかけずして劇的に改善することは不可能です。設備にお金をかけて家賃を上げたとしても、上げた設備代の分で利回りは悪化するので、そのバランスがある以上は収入だけ劇的に上がるということは、なかなか難しいでしょう。

つまり、**不動産価格は土地と建物に分かれるので、結局どちらか（もしくは両方）を安くできないことには、利回りは上がりません。**

建物代が安い場合は要注意

個人的には、土地を安く仕入れている場合は問題が少ないように思います。土地は造成にあたり手抜きをできるところがあまりなく、擁壁や地盤調査などには行政のチェックが厳しく入りますので、そこでの違法作業はあまりないように感じます。安くなる理由も非常に明確で、相続で困っている方から安く買えた、造成があって面倒な土地なので造成技術がある会社が安く買えた、大きな土地で個人向けに販売できないので業者が安く買えたなど、しっかり理由があります。そのような理由で安くなっているとわかれば、安心して利回りが高い新築を受け入れられるでしょう。

しかし、**問題は建物代を安く済ませている場合**です。これがものすごく怖いのです。もちろん、特殊な工期短縮ノウハウや部材仕入れルート、人件費を抑えるノウハウなど、建築会社によってはそういった強みがあります。

しかし、そのノウハウには危険な部分もあります。工期を短縮すると、それだけ人件費は減りますが、仕事の質を担保できないこともあります。部材の仕入れに関しても、安さを追い求めるあまり木材の質が悪いものが来てしまったり、水分を含んだ木材だったり、ということがあって、再手配などで工期が延びてしまうこともあります。人件費を安く抑えるために質の悪い人材を作業に入れて、結果出来上がった建物の質も悪くなってしまうということもあります。土地と比べると、建物を安く上げるためには手抜きができるところがあったり、安くなったとしてもその弊害が予想できることが多いです。

実際にあった施工不良も、大きなものから小さなものまで様々ですが、その原因のほとんどは工期の厳しさや人材の悪さに起因するものが多いです。

たとえば、ロフトのはしご掛けの取り付け位置が間違っていたり、ドアに大きなへこみがあったり、備え付けのシューズボックスの戸を開けると壁紙を擦ってしまったり、塗装がはねてペンキがついてしまっていたり、防水塗装に漏れやムラがあったり、構造上主要な柱や梁の太さが足りなかったり、取り付け金具が間違っていて柱が固定できていなかったり、建物に傾きがあったり、傾斜の方向が間違っていて排水がされなくなっていたり、外壁が一部固定できていなかったり……等々。

信じられないかもしれませんが、このようなことが実際にありました。

大体が、工期が間に合わなくて焦ってしまったのだろう、という理由で説明がつきますので、しっかり注意すれば発見・是正できます。

しかし、中には専門の建築士などを外部から雇ってみないとわからなかった悪質な施工不良もあります。素人の方はもちろん、銀行出身などで不動産の現場を知らない方も、これは見抜けないのではないかと思います。

一番悪質かつ重大な影響を残す不良施工は、図面通りに作らないで、それを買主に黙っていることです。新築物件の場合、出来上がって引き渡しがあるまで現場を見に行かない方もいると思いますが、もし**あなたが買おうとしている物件がとても良い利回りであったりした場合には、少し注意して現場を見る必要があります。**

▼不良建築を防ぐには外部の建築士を雇う

そのような不良建築を絶対に見逃さないようにするためには、**外部の建築士に施工の進捗監視をしてもらうのが一番です**。もちろんお金はかかりますが、確実に不良個所を見抜き、上棟段階から特殊な機材を使い、建物と仕様書に問題がないかをチェックしてくれます。それが、一番完全なリスク回避手段です。

一般的に、中古物件が値上がりをする市場では、新築物件は歓迎される傾向があります。値上がり傾向で売りにくい中古を売るくらいならば、利回りも中古並みかそれ以上の新築商品が作れれば、買主としても新築の方がうれしいですし、業者としても融資がつけやすいのでとても売りやすいという、ＷＩＮ－ＷＩＮな構図が出来上がるからです。

一口に「新築物件」と言いましても、様々な要因があって価格が決定され、利回りが決定されます。その裏にある理由にまで目を向けて、危険な新築物件には相応のチェックをして臨むか、もしくははじめから手を出さないという選択ができるように、知識をつけておきましょう。

本当は、**施工業者もすべて自分の知っている人間で、絶対に施工不良や違法建築をする**

業者でない、とわかるところにお願いできれば一番良いと思います。そうすれば、信頼関係の下で細かく全項目をチェックしなくても、上棟段階や内装着手段階など、雑談がてら見に行けば安心だと思います。

「**高利回り新築購入の際には、施工面での手抜きがないか、しっかり監視しよう!**」

34 工期などあってないような認識の罠

▼土木系作業員の人手不足の背景

前項で、工期をきつくし過ぎるという話がありましたが、本書執筆時の2015年現在でも、工期の予測は非常に困難な現状が続いています。まだ2020年東京オリンピック関連の工事が本格化していないのでましですが、それでも土木系作業員の方は未だに東北の震災復興関連の工事に人手が多く取られているという現状があります。

復興工事やオリンピックの工事などは、国や自治体として行わなければならない工事なので、人件費も普通の民間案件と比べると高めに設定されることがあるようで、民間の仕事を受けるよりもそちらの公的な工事を優先的に請けたほうが良い、もしくは民間案件でも人件費は公的な工事と同じくらい取れればそちらに人員を回す、と考える建築業者も多いようです。

現状では、建築に従事する人員も、東北では増えて他の自治体は軒並み減っているという調査結果も出ています（出所：国土交通省「建設労働需給調査結果」http://www.mlit.go.jp/report/press/totikensangyo14_hh_000509.html）。

そのようなことで、**適切な人件費で工程管理をするには、職人の確保が難しい現状があります**。地元で職人を多く抱えている業者ならば安心なのですが、大体の建築会社は自社で雇用しているのではなく、自営業の職人を現場に呼んでいる場合がほとんどなので、どうしても人員の確保が難しくて工期がずれこんでしまうことがあります。

▼「〇年〇月完成予定」を鵜呑みにしてはいけない

このような事情をわからない一般の方は、「２０１６年〇月完成予定」という資料を鵜呑みにし、「ここで引き渡しがあるんだ！」と思い込んでしまうことがよくあります。しかし、**この完成予定スケジュールは守られないことも多い**のです。

ここで危険なのは、たとえば竣工時期が「２０１６年1月末完成予定」という新築があったとします。買主としては、ちょうど賃貸の繁忙期と重なるからいいな、と思います。竣工引き渡し後、すぐに募集のピークが来て、そのまま満室……というストーリーを思い描く方もいらっしゃるのではないでしょうか。

しかし、この工期は保証されているものではありませんし、「この工期が絶対に守られないと契約を解除します」という条項を付け加えることは恐らくできないでしょう。

そんな現状で、もし工事が３カ月遅れて「２０１６年４月末」に完成したとしたら、想定よりも賃貸付に時間や手間がかかってしまうことは仕方がないことです。竣工時期が遅れたことで、家賃収入が減少したとして損害賠償を求めるのは、契約書も竣工「予定」となっている以上は不可能です。

竣工が遅れることを想定しておけば、契約の前段階で竣工が遅れたときには計画からずれてしまうから、「もし遅れたら家賃保証などをしていただけるか？」などの交渉をする余地はあるでしょう。相手方としても、「もし自分の過失で工期が遅れた場合には家賃保証」という内容であれば納得できる内容でしょうし、しっかり終われば保証の必要はないのですから、交渉の1つとしては妥当なものだと思います。ただし、竣工時期が繁忙期にかかるなど、特殊な場合のみでしか使えないと思います。たとえば6月の竣工が8月までずれたとしても、賃貸需要にはそこまで影響はないかと思います。

書いてある資料を鵜呑みにせず、世相も考慮に入れて検討しましょう。世間が人不足なのに、自分の所だけ「予定通りに、人件費も上げずに行う！」というのは難しい相談なのです。

「工期は保証されておらず、むしろ職人不足で遅れて当たり前になる現状。予想は柔軟に！」

35 仲介業者とコンサルタントの違いについての罠

▼コンサルタントの役割とは

この問題は、ほとんどの業者には無関係ですが、一部悪質な業者もいるので問題にさせていただきました。不動産業者とコンサルティング業者についてです。

そもそもコンサルティング業というのは、言い換えれば情報提供・サービス提供やアレンジメントがその業務となります。弊社も不動産投資コンサルタントである以上、コンサルティング手数料をいただいています。弊社としては、諸々の相談や情報提供など、不動産業者と差別化した価値を提供して、お客様に安心して不動産投資に取り組んでいただけるように、情報面のサポートをすることが主な業務となっています。

具体的には、自身もオーナーである経験や知識をもとにお客様と一緒に投資戦略を構築したり、通常表に流れてこない物件情報を紹介したり、個別相談などでお客様の知識サポートをしたり、という業務をします。

不動産業者が行う物件紹介、物件の解説、融資の紹介などに関しては、もちろん誠実な業務として行っているでしょうが、最終的には仲介手数料に結びつきます。

「売りたいがために良いことばかりを言っているのでは？」

「本当に自分にとって良い条件なのか？」

と不安になる方もいるのでは、と思います。

そこの間に入って、**お客様の立場から助言・調整などを行うのが、コンサルタントの役割で一番大きいもの**だと思います。面倒なつきあいや人脈構築などを代行する、というメリットもあります。

コンサルティング手数料の値段は仲介手数料のように法律で決まったものはなく、ほぼ言い値に近い性格もあります。また、不動産仲介と違ってやることも決まっていませんので、もし**コンサルタントを探したいならば、そのコンサルタントの強みを見極めてから依頼をするのが良いでしょう。**

▼悪質な仲介業者の例

話を業者に戻します。もし、通常行う融資紹介以上のことを不動産業者がしてくれて、その結果良い物件が買えたとしましょう。もしくは、通常は本当に属性が良いお客にしか流さない物件を特別にあなたに流してくれて、その結果良い物件が買えたとしましょう。

そういうことをして（いるように印象づけて）、通常の仲介手数料＋コンサルティング手数料を業者が要求するケースがあります。そうでなくても、非常に人気の物件をあなたのために特別に押さえてあげるから、通常の手数料以外にアレンジ費用を払ってください、という例も耳にします。

買主側としては「コンサルタントも同じようなことをしてもらったら料金を払うし、不動産業者も普通ではやらないことをしてくれたなら、対価として払っても良いか？」と思うかもしれません。

しかし、宅建業法に規定された仲介手数料には、「売買成立のために必要な活動すべて」が含まれています。つまり、特別な物件押さえや営業活動はもちろん、売買を成立させるための融資紹介、価格交渉などの行動すべてが、３％＋６万円を上限とした仲介手数料に原則として含まれているのです。

そのため、良い物件をあなたのために押さえようが、良い条件の融資を紹介しようが、価格交渉を行おうが、それは仲介業務に含まれるので、追加のコンサルティング料は払わなくて良いということが原則となります。

原則があるので例外ももちろんありますが、**「良い物件をあなたのために押さえますから、仲介手数料＋コンサルティング手数料」などというのは、まったくもって悪質な事例です**。物件を紹介するのは通常の仲介業務なのに、なぜコンサルティング手数料を要求するのでしょう。

結論として、宅建業者が物件売買を仲介した際に、仲介手数料３％＋６万円以外の報酬をもらうことに関しては、法的な根拠がない可能性が高いです。

悪質な例では、この原則を知っている業者が、不動産会社にコンサルティング手数料を入れるといけないとわかっていて、自分が持っている別の「不動産会社ではない法人」にコンサルティングをさせていることにして、その別会社にコンサルティング手数料を入金させることもあります。そんなことをしても、別会社の役員がその不動産業者の役員と関係がある場合、簡単に関係するとわかってしまうのですが、そうやって不当に利益を上げる会社も存在します。

もし、**不動産業者からコンサルティング手数料を要求された際には、内容に注意して検討してみて、わからなければ弁護士や自治体の宅建協会に相談してみましょう。**特に、自治体の宅建協会は経済的実害が発生する案件に関しては、業者への指導を含め行ってくれることもあります。無料で電話相談もできますし、気軽に聞いてみても良いでしょう。

「コンサルタント報酬に決まりはないが、業者には原則として法定報酬以外は払わなくて良い！」

第5章

管理段階での罠

36 管理契約締結時の罠

▼売買契約と管理契約は別物と考えるべき

初めての物件売買だったときに、その心境として多いのは、「きつい決断をしてようやく契約をした。後の管理は業者のお勧めの所に任せよう」というものです。

もちろん、業者の中には販売・管理一体型で、管理の部隊もしっかりあって、管理用の資料などもきちんと備えて、その業務内容についてしっかり説明してくれるところもあります。そういった誠実な対応をしてくれる業者ならば、賃貸戦略なども聞いた上で、「そこを選ぶ！」という選択も良いかと思います。

しかし、良い業者もいる反面、「うちが売ったのだから、管理も当然うちがやりますね！」と上から目線で決めつけてくる業者もいます。買主としては、物件を買うところまでの報酬は仲介手数料でしっかり払っているのだから、後の管理はこちらに選ばせてほしい、という思いもあるかと思います。

確かに、売買成績主義が重い不動産会社の収入で、安定した管理収入は非常に大事です。大手のデベロッパーでも、グループ会社で不動産管理会社を持っている例が多いです。

もちろん、本当に仲介業者が頑張って、買主も信頼して「管理もぜひお願いしたい！」とお客様から言うのであれば構いません。しかし、**「売買を成約させたのだから管理も当然にやらせてね」というのは論理が多少強引な気がします**。売買成立のための努力は、先述の通りすべてが仲介手数料に含まれているからです。

また、自社で販売と管理を両方行うのではなく、完全に売買に特化して割り切っている不動産仲介業者もいます。そのような業者を介して物件を購入する場合には、管理会社は別に紹介され、自分で選ぶこととなります。

この場合、提携の管理会社があってそこにするか、地域の一番手である大手管理会社などが紹介されることもあります。物件調査の際に地場業者にヒアリングに行っているかと思いますので、そこを紹介されるということもあります。

▼管理業務は業者任せにしない

ここで注意していただきたいのは、その管理業務に関して「どこも大体同じだろう」「管理方針もその会社お任せでいいや」という考えで決めないことです。

管理会社を選ぶにあたっての原則は、しっかりと打合せした結果で決めるということです。はじめに自分なりの管理プランを提案してみるのも良いでしょう。

管理業者からは、もちろん空室を埋めるための提案が来ます。特に方針を伝えていないと、家賃を下げる、広告費を上げるという手段を提案しやすいです。この手段は、本当にすぐに空室を埋めたいだけの方には良いかもしれません。

しかし、「そんなに急いで埋めなくても良い」とオーナーは思っているかもしれません。また、長期保有を視野に入れるならば安易な家賃下げで埋めるよりも、今後家賃アップや集客力アップに役立つであろう、グレードアップのリフォームをしてみる、という選択肢もあります。

もちろん、管理会社として空室を埋める提案をして下さったこと自体はダメではありません。しかし、管理についての目線合わせをしないままで、お任せ管理にしてしまうと、長期的な目的と離れていってしまうこともあります。

しかも、お任せタイプのお客様でよくあるのが、お任せをしておいてクレームをつけるということです。思ったより儲からなくなった、入居が悪くなった、あんな物件を紹介した仲介のせいだ、などと言う方もいます。自分の想いを何も共有していなければ、何も考えずにお任せにしていれば、管理会社も自社の基準でやる他ないのです。

何もかもお任せでも結構ですが、それならば管理会社を信頼することです。けれどもそれだけだと、どこかで自分が何となく思い描いていた不動産投資から乖離《かいり》するかもしれません。思いがあるならば忌憚《きたん》なく管理会社と論を交わし、共有することが大事です。

どんな管理会社なのか、という選定も含め、管理こそ長い時間をかけて取り組む課題となりますので、思いを大事に管理の方針を決めていきましょう。

「事前の打ち合わせもなしに、お任せで管理会社・管理方針を決めないように注意しよう！」

37 管理会社が超大手のときの罠

▼大手と中小の管理会社の違い

しかし、どんな管理会社に決めたら良いか、わからない方が大半かと思います。物件最寄り駅の駅前管理会社、中核駅の管理会社、全国展開の大手管理会社、仲介をしてくれた業者にそのままお願いする、など採り得る選択肢が多い割に、契約から管理開始まで時間がない場合も多いので、特にサラリーマンの方などは苦労されるかと思います。

そこで、本項と次項、次々項では大きな管理会社と小さな管理会社という、非常にざっくりした括りですが、特徴や気をつけるべき落とし穴などを書いていきたいと思います。

大手管理会社のメリット

まず、管理会社が超大手のときです。**超大手管理会社は、とてもシステマチックです。**提案資料の賃料予測や修繕費算出なども、社内にしっかりしたフォーマットがあって非常に見やすいことが多いです。数字でしっかり管理をして提案してくれるので、個人的には非常に好きです。不動産管理の世界はまだまだ、「多分このくらいじゃないですか?」「なんとなく相場ではこんな感じですね」という、理由や根拠があいまいでも何とかなってしまう業界です（もちろん、予測しにくい要素もありますので、すべてが数字で決まるわけではありません）。

また、手配品などの動きの速さも、提携業者がたくさんいますので、良いことが多いです。会社によっては、退去後の修繕費用について定額制を導入しているところもあり、不意な出費を抑えられることもあります。

あとは**組織がしっかりしている**ので、募集・日常管理・督促などのチームがある他、まとめ役の方もしっかり見て下さる、というのは嬉しい点です。24時間通報を受けるシステムや独自の家賃保証制度、設備保証などがあるのも特徴でしょう。やはり、仕組み化がされているというのは強みであります。

▼大手管理会社のデメリット

しかし、デメリットもあります。まずは、**人の入れ替えが非常に激しい**です。人事異動だけでなく、辞める方も非常に多い業界です。辞めるというのも辛くて辞めるだけでなく、優秀な不動産マンはどの会社でも重宝されるので、同業他社からのヘッドハンティングを受けたり、不動産会社新規設立の際のメンバーとして引き抜かれることもあります。

引継ぎの仕組みがあるとしても、伝言ゲームのように内容が薄れてしまうことが往々にしてあります。細かい問題や、必須ではないがこれから取り組もうとしていたことなどは、漏れやすいですね。

また、**会社によっては募集を自社営業でしかやらない**ケースがあります。これは賃貸物件の仲介手数料や広告料を、自社で完全に取りたいからです。この話、どこかで聞いた気がしませんか？　そうです、売買仲介業者が得る手数料と同じ考えです。

やはり、賃貸の営業マンの評価材料も仲介手数料や広告料を取れたかが重要です。1件の賃貸付という仕事で、分かれの仲介手数料だけを得るか、両手の仲介手数料＋広告料を得るかでは、どちらが会社に貢献＝「良い評価」が出るかは一目瞭然でしょう。

そのため、強い営業媒体を持っている大手の管理会社の場合、自社媒体のみで営業をかけ、確実に自社経由で来た借主と貸主をつなぐことにより、分かれのときと比べて2倍の手数料＋広告料を得ることを当たり前と考える会社もあるようです。

本当に力があって、「この手法でこの物件はずっと家賃も下がらず、満室で今まで来ています」という実績があるならば良いかもしれませんが、空室が10室も出てしまって「一刻も早く物件を埋めなければ！」というときには、自社媒体だけでなく他社媒体や、他業者の力を使ってでも早く決めていただきたいと、オーナーは思うでしょう。

仕組み化が進んでいて、自らの勝ちパターンも心得ているので、こちらからのイレギュラーなお願いには抵抗する担当もいる可能性があります。とはいえ、昨今では「まず決まることが大事」「信頼関係が大事」ということで、そういったお願いも受けてくれる例が多いようです。

営業活動についてフレキシブルで、自社システムの押しつけではない提案をしてくれて、

かつ長い間担当してくれるのであれば、私は大手が一番良いと考えます。しかし、それをすべて満たしてくれる大手の担当者は少なく、そんな優秀な方はすぐに他社に移ってしまったり、出世してリーダー的なポジションになってしまうのが、悩ましいところです。

「大手の強みはシステム。弱みは担当の流動性と若干柔軟性が足りないところ！」

38 地元一番の管理会社の罠

▼地元の管理会社のメリット

本項で説明する管理会社は、日本全国に展開している管理会社というよりは、沿線で一番強い、この地域では一番管理戸数が多い、という会社です。

すごい例だと、「この地域の賃貸不動産の7割をうちが管理しています」という、超大手業者も真っ青な地元密着力を誇る業者もいます。

こういう管理業者は、圧倒的な「地元力」で相場などはよく知っているので、**物件を購入しようとするときの家賃の妥当性や見通しなどで、かなり現実的なコメントをくれることが一番のメリット**でしょう。「この駅の相場は自社の手の中」という例も少なくありません。

よく、一棟物の不動産を所有していると、その登記簿から所有者の住所を突き止めてダイレクトメールなどを送ってきたりしますが、興味があれば一度話を聞いてみるのも良いでしょう。

▼地元の管理会社のデメリット

ただ、**良くも悪くも地元に密着しすぎています**。修繕工事なども、地元の業者で都度相見積をかけるなどしてくれるところは良心的ですが、そうではなく1社お願いしているところに丸投げするだけ、しかも高い、ということもあります。また、募集方法も圧倒的な「地元力」を活かして、自社店舗と自社媒体、あとはポータルサイトへの出稿もやってくれますが、やはりここも自前の管理部隊がある以上、両手取りを優先してやってきます。

酷いところでは、自社で広告料を貰うのが大前提として社員の頭の中にあり、業者周りをしても、仲介手数料は別業者につくのはしょうがないけど、広告料は自社がもらうという、とんでもない認識をしているところもあるようです。そんな募集では、他業者は当然動いてくれないです。

また、それなりに大きい会社なので超大手管理会社のようなシステムを実装していることがあります。しかし、超大手管理会社と比べると規模のメリットが小さいので、そのシステムを維持するために入居者から敷金を担保として取ることが必須であったり、オーナーに負担を求めてくることがあります。

同じようなサービスは超大手管理会社の方が安く、しっかりしているので、規模の小さい業者が同じようなサービスをやるのであれば、超大手と同じサービスで安いか、地元密着ならではの強みを超大手と同じ値段でやるくらいの心意気が欲しいものです。

「地元密着」は掛け声だけ?

また、「地元密着ですぐに現場に行けますから安心です」という謳い文句をよく言いますが、行っているのは明らかに月一の報告資料を作るときだけで、あとは何か故障や問題が発生したときしか見ていないだろうな、ということがよくあります。そんなにいつも物件に行けないのは、多数の物件管理を抱える会社なら仕方ないかと思いますが、だったら始めから「地元だからいつも見ています！」ということは言わない方が良いと思います。

もう一つ、超大手よりは小さいながらも、ある程度の組織に分かれていることがあります。募集は募集係、日常管理は管理係、資料作成と送付は経理、などです。こういう体制でも統括担当みたいな方がいて、最終的には統括の方に聞けばわかってもらえている、という状況であれば良いと思います。

これは超大手の会社もそうかもしれませんが、ここまでの情報共有体制ができているところはなかなか目にしません。結局、統括担当に連絡しても、「募集側に確認します」「管理側と調整して見積りを取ります」などとやり取りが入り、見積りや方針についての連絡が入るのは何日か後、という動きが非常に遅い業者もいるのです。

日々の対応が命の不動産管理業務では、反応の遅さは致命的です。

超大手管理会社ならば、仕組みがしっかりしているかもしれません。しかし、地元一番くらいのレベルでは超大手並みの仕組みがないところの方が多い印象を受けます。

私の結論は、**地元一番の会社が最も輝くのは、ヒアリングのときだけ**だという皮肉な所感です。狭いコミュニティで市場を確保し続けている会社には、こういった綻《ほころ》びがあるのは仕方ないことかもしれません。もちろん、すべての地元管理会社がそうだとは思いません。地元一番が大手会社のフランチャイズ店になっていることもあり、そんなときは「大手寄り」のシステムになるので、安定感は増します。

「地元一番の会社で良い点は、賃料ヒアリングが適切であること、くらいしかない！」

39 最寄り駅前の管理会社の罠

▼駅前の業者には情報に偏りがある

これは、いわゆる駅前不動産屋みたいな管理会社です。地域一番の管理会社との違いは、複数展開していないことです。複数あったとしても、その沿線に数点の支店がある程度ということになります。

この会社の強みは、実はあまり感じていません。あるとすれば、「物件の賃料に関してのヒアリングか?」と思う方もいるかもしれませんが、まったくそうではない事例もあります。

具体的に、各駅停車「A駅」の駅前不動産屋で見てみましょう。A駅のいくつか先、いくつか後の駅には大きな快速の停車駅があります。

そのA駅であなたが投資用物件を検討して、現地を見学がてら駅前の不動産屋にヒアリングに入ったとします（以下、会話文）。

あなた「すみません。今度住所○○のあたりに収益不動産を買う予定で、そのあたりの賃貸需要やこの広さの賃料目安を伺いたいのですが、御社で管理していただくならば、どのくらいの賃料が出ますか？」

駅前業者「ん？　住所○○のあたり？　このあたりでこの間取りだったら苦戦するんじゃないかな？　うちにはあまり問い合わせが来ないエリアだよ」

あなた「そうなんですか？　そんなに賃貸需要が良くない立地なのですか？」

駅前業者「あまりうちで案内とか、契約を決めたことがないエリアだね。うちもここで40年くらい不動産屋をやっているんだけどね」

あなた「そうですか、ありがとうございました」「（意気消沈）……地元でこんな長い会社がダメだというのだから、ここはやめよう」

いかがでしょうか。このやり取りは、もしかしたら正しいかもしれませんが、間違っている可能性もあります。しかし、それを判別するのは素人の方には困難です。地元で何十年もやっている不動産屋さんが「苦労するかも」と言っているのだから、「きっとそうに違いない！」という心を覆すのは、簡単なことではありません。

▼会話の裏に隠されたカラクリ

さっきの会話文ですが、裏にこういうカラクリがあります。

駅前業者「ん？　住所○○のあたり？　このあたりでこの間取りだったら苦戦するんじゃないかな？　うちにはあまり問い合わせが来ないエリアだよ」
➡うちに問い合わせが来ないということは、そもそもそこに投資物件が商品として少なかった可能性がある。今までそこのエリアで物件を管理したことがない可能性がある。

駅前業者「あまりうちで案内とか、契約を決めたことがないエリアだね。うちもここで40年くらい不動産屋をやっているんだけどね」

↓このエリアの物件を決めているのは、A駅の駅前業者ではなく、もっと大きな急行停車駅の不動産業者ばかり。なぜなら、あえて小さめのA駅の業者にピンポイントで探すお客様は少なく、まずは大きめの駅近くで探すから。A駅が検討される場合としては、急行停車駅近くでは値段が高すぎる場合の提案物件として、各駅停車駅のA駅が良く使われる。

いかがでしょうか。**地元業者と言えども、万能ではありません。**特に、その駅周辺だけで長くやっている業者は、他の駅や地域に関して無関心な場合もあります。

なので、「うちがやっていないのでわからない。良くないいんじゃないか?」などと適当なことを言う例もあるのです。プロにあるまじき発言ですね。わからないなら、わからないと言ってくれればいいのに、と思います。

このように、**正しくないかもしれないヒアリング結果に惑わされないためには、面倒かもしれませんが、最寄り駅の業者、超大手の業者、近くの比較的大きな駅の不動産業者な**

ど、**様々な面からの意見を取り入れることが大事です。**

ちなみに、弊社も弊社のお客様も、超大手と、地域の一番と、駅前のいくつかにヒアリングをかけますが、駅前不動産屋に管理を決めたことは一度もありません。

「地元の小さい会社は、情報も対応も良くないことが多いため、ヒアリングに留めよう。」

40 販売・管理一体の罠

▼小規模な会社は一人ひとりの力が大きく反映される

本項では、あまり大きくない会社を想定します。超大手の管理会社も、地元の不動産業者も、販売をやっていることはよくありますので、こちらではそこまで大きくない会社で販売と管理を一体にしている場合、とお考えください。

結論から申し上げます。**良い人材が揃っていれば、私はこのチームにお願いするのが一番好きです。反面、良い人材が去ってしまうと、途端にストレスのある管理になってしまうのも特徴です。**

小規模の会社は、得てして個人のパフォーマンスが大きく影響します。1人で非常に多い戸数を管理するような賃貸管理の世界では、なおさらです。

素晴らしい人柄で、あなたの思う管理にピッタリはまるのならば、一番良いです。コンタクトする人も担当の方1人でOK。それより上は社長のみでしかも、社長も管理のことを把握していたり、唯一の担当が管理の代表だったりします。募集も修繕も日常問題も、すべて1人に連絡すれば済むというのは、私みたいな面倒臭がりの投資家にとってはメリットではないかと思います（最悪、社長に確認すれば良いですし）。

「○○の会社の管理部隊出身で、こういう仕事をしていました」などの経歴は重要です。ただし、どこの会社に所属していたかだけではなくて、「どのような実績を積んできたか」「どのようなノウハウを持っているか」ということを見極めます。

また、募集についても、このような会社は自社だけで決める手段というのは、そんなに持っていません。自社ホームページへのアクセスなどの直接の問い合わせは、ほとんどないはずです。そこで、彼ら小さな販売管理一体の会社はどうするかというと、募集を多数の業者に委託しています。これは、非常に有効だと思います。

長らく、不動産管理業界は「仲介手数料」「広告料」で儲ける仕組みでした。それが、販管一体の会社には「売買の仲介手数料」という大きな収入があるので、「賃貸の仲介手数料」や「広告料」の両手取りをそこまで意識しなくても良いわけです。

管理手数料という安定収入があれば、あとの収入は販売で稼ぐからいいよ、という戦略を採れるのです。だからこそ、大きな管理会社が採れない、業界常識を超えた営業手法を採ることができます。

関わる人も少ないのでやり取りが楽、しかも実力は折り紙付き、ノウハウも大手のような安心サービスがある、などが揃えば、良いとこ取りができるいい会社だと思います。

とは言いましても、「物量や仕組みで勝る大手のサービスと近いサービスを、小さな販管一体の会社が実現できるのか?」と思う方もいるでしょう。

▼小規模でも大手並みのシステムサービスがあることも

小さな会社でも、知恵と工夫次第では大手並みのシステムを持つこともできます。

たとえば、超大手管理会社や地場の大手管理会社は、独自システムの24時間駆けつけシステムを売りにすることも多いです。確かに、独自の24時間システムは何かあったときに入居者からの声をすぐに受け止められる点で、非常に安心できるシステムです。

しかし、これが大手管理会社の物量に任せたシステムしかないかと言うと、実はそんなことはありません。小規模の会社でも24時間電話対応・駆けつけ対応をすることはできます。正確には、警備会社とタイアップなどをして24時間電話対応・スタッフ駆けつけサービスを外部委託するのです。

警備会社も、自社商品で24時間駆けつけサービスを行っています。警備会社としては、そもそもしょっちゅう駆けつけ事案が発生することもないのに、人員を常に配置しておかなくてはなりません。特に夜間の最低限の人員は完全に固定費で、減らせない内容です。

そこで、その人員の有効活用の一つとして、警備会社が不動産管理の代行サービスを行っている例があります。具体的には、夜間などの電話・駆けつけを代行して引き受ける、というサービスです。不動産会社も、警備会社も、漏水などが発生した際には結局業者を手配することになるので、人がいて電話を受ける初動が大事であって、報告されるのであれば電話をするのが警備会社のオペレーターでもまったく問題ないのです。

このように、うまく大手の強みをカバーできるような仕組み化があるところならば、弱みである物量・対応力もカバーできるかもしれません。

いずれにしても、小さな販売管理一体の会社でも、管理システムについて大手と比べてどこに強みがあって、また大手と比べると弱いのはどこか、などの提案を受けて判断をするようにしましょう。

「個人のパフォーマンスにもよるが、
販売管理一体だからこそ採り得る強みもある！」

41 管理会社変更の罠

▼管理会社を変えるときの見極め方

ある日、あなたのもとに一通のＤＭが届きます。そこには、

- あなたの物件の空室を解消致します。
- 管理面で不満はありませんか？
- 近所で信頼できる、日常的にお役に立てる管理会社はいかがですか？

という趣旨の内容が書いてありました。ＤＭに記載されていた会社名を調べてみると、

地元の比較的大きな不動産会社のようです。

投資用不動産の管理を決めるのは、大体は物件購入が来まった際です。しかし、その関係は永遠に続くものではありません。不動産管理会社にも、管理案件を新規で取ってくるという部隊がもちろんあり、他社管理物件を巡って管理変更の可能性を探っているのです。

彼らがDMを送るのは、情報公開されている「不動産登記簿」の住所です。それ以外の住所は恐らく正攻法では調べられないと思いますので、登記簿上の住所に十中八九届くことになるかと思います。

彼らの部隊が目をつけるのは、

・空室が多い
・共用部廊下や雑草などが荒れている
・その他、管理が行き届いていないような雰囲気がある

などの特徴がある物件が多いです。そこに、颯爽《さっそう》と提案の文書が届き、「現状○室空いていますね？　弊社ならば空室を改善しますよ！」

「地元密着なので、今はできていない物件管理・報告・対策をしっかりやりますよ！」

「今ある管理上の問題は、こうすれば解決できますよ！」

というように、今の問題を解決する救世主として登場するわけです。

特に、地場の業者ほど、このような売り込みがしやすいように感じます。地元で長年やっているという安定感は、管理に不満を持っているオーナーにとっては安心材料として映るのだと思います。

確かに、魅力的な提案です。もしかしたら、今ある（かもしれない？）問題を解決してくれるのかもしれません。でも、「今の管理会社とのつきあいもあるし、どうしたら良いのだろう？」と悩まれる方も多いと思います。そんなときは、本当にこの管理会社に力があるのか見極めてあげましょう。

たとえば、空室にコメントがあったとき、担当の方に話をしてみましょう。

「前向きに検討したいですが、管理を御社に変えることでのメリットを確認したいです。空室を改善してくださるならば、どのようにすれば良いか教えてください。御社にも客付け業者の１つとして募集に動いてもらって、結果が出るようならば御社のノウハウを信じたいと思います」

という趣旨のことを言ってみた後に、**しっかりと戦略を教えてくれて、実際に空室が改善すれば、力があると判断することができます。**今のあなたの管理契約書に、募集業者を縛る条文がなければ、これを使います。もしくは、現管理会社に「募集に強い業者がいる」と紹介するのも手です。

しかし、「実際にやるのは管理契約をいただかないとできない」「信頼していただかないと、弊社のノウハウは提供できない」などと出し惜しみをするようならば、怪しい可能性があります。**何かあったときにオーナーの心情に寄り添って活動してくれるか、信頼関係を築く（維持する）ために努力してくれるか、**というのは管理会社の大事な要素です。

管理会社を変更するデメリットも考える

一般的な管理状況に関しては、既存の管理会社でもしっかり清掃などを行っていただくようにコミュニケーションをとれば、改善することはよくあります。なので、日常管理は程度にもよりますが、そんなに管理会社を変えなくてはならないほどの問題ではないかと思います。

空室に関しては、ノウハウが足りない業者もいますので、そこに関して不満があるならば、前記のようにお試しでアドバイスをいただくのが良いと思います。

もし、何も考えずに管理会社変更をお願いしたら、最悪の場合、今までの管理よりも悪化してしまうことがあります。そのときになって「前の管理会社が良かったな」「また別な管理会社を探したいけど、違約金条項があるからあと2年はこのままだな」と後悔しても遅いのです。

管理会社変更についても、できる限りお試しで相手の力を測りながら、パートナーにしても大丈夫かを見極めましょう。

「管理会社変更の際は、事前にその力を確かめてから。変えることのデメリットも想定しよう！」

42 セルフリフォームの罠

▼リフォームを自分でやることのデメリット

投資用物件でなくても、セルフリフォームやリノベーションは趣味として人気のジャンルとなっています。「日曜大工」の延長のような位置づけで、壁紙やクッションフロアの貼り換え、ペンキ塗りや、コンクリートを打ったりする方もいます。様々なＤＩＹ指南本や、ホームセンターのアドバイスサービスを有効に使っている方もいるようです。

正確な手順をしっかりと職人に習い、職人監督の下で何件もやれば、ある程度見られるような作業はできるようになるでしょう。

しかし、**皆が皆そこまでできるとは限らない**ということは認識しておいたほうが良いと思います。特に、私みたいに丁寧というよりは豪快で、細かい工程は気にしないような方は要注意です（笑）。

そもそもセルフリフォームは、職人さんがやるときにかかる「人件費・技術費・材料費」を節約するため、自分でやって最低限の材料代だけで済ませよう、という趣旨のものです。

あえて、結論から言います。**「趣味だから良い」という考えでない限りは、「セルフリフォームで得をしたい」という考え方は間違っています。**

一通りの作業を自分でやったとしますと、買出しも含め作業には最低でも数日はかかります（1日当たり10時間ほど作業をしたという仮定）。

よく、内装業者は「プロ並みの仕上げをあなたができるのか？」「あなたが作業に費やした時間を本業の時給に換算してみてください！」と言います。

私もこれには賛成です。仕上げが甘く、後で壁紙や床材が波打ってしまったり、塗装にムラがあったり、コーキングに穴があったりすると、入居者にも迷惑ですし結局は再施工となります。材料代もバカになりません。

時給の考え方も、一部反論はあるでしょうが、コストパフォーマンスを考えると間違いではないと思います。とはいえ、もう趣味の領域に入っていて、「趣味に費やす時間に時給がどうのこうの言うのはおかしい！」という考えの方もいらっしゃると思うので、ここではあえて触れません。

投資物件のリフォームはプロに任せる

私が思う、**「セルフリフォームは投資物件には向かない」**ことの一番大きい理由があります。それは、**機会損失**という観点です。

自宅ならば、どんなに時間がかかろうが自分の好きなようにやり、何度も失敗を重ねても材料代だけがマイナスになっていきます。ところが、収益物件の場合は違います。一刻も早く原状回復をして、次のお客様に入居していただかなくてはならないのです。工事の時間がかかればかかるほど、入居時期も遅れてしまいます。

専業大家で自分が動くというなら別ですが、兼業大家の場合には休日や仕事の前後に時間を作っての作業となります。壁紙・床・塗装・クリーニングの基本作業が仮に30時間ほどで終わるとすると、土日の休日を丸々使っても原状回復に2週間以上はかかってしまいます。もし、キャンセルできない予定が被っていたりすると、1カ月弱かかることもあるかもしれません。普通に業者にやってもらえば見積りから含めて確実に1週間以内に終わるところ、2週間～1カ月かかってしまうのです。

仮に、その物件の募集家賃が6万円だとしましょう。それが1カ月遅れるということは、「6万円得られる月が1カ月減ってしまう＝6万円損をしている」と同視できます。これにプラスして材料費が数万円です。趣味だから時給として換算をしなかったとしても、これだけで10万円以上かかることが濃厚となってしまいます。しかもクオリティは素人に毛が生えた程度です。

1Kの原状回復で、設備に大きな壊れがなければ、業者に依頼しても壁紙・床・クリーニングなど基本的な種目ならば10万円以内で済むことも多いです。しかもクオリティはプロ品質。

いかがでしょう。単純に材料費と人件費だけでは、趣味扱いで人件費換算をしなければセルフリフォームにも見るべき点はありました。しかし、機会損失という点を考慮すると、セルフリフォームの方が劣っている可能性も出てきます。

もし、これが専業のオーナーならば、「好きに動けるから機会損失で考えても損はない！」と言う方もいるかもしれません。

ところが、最後に品質の面も考慮すると、やはり業者の品質には勝てません。業者によっては、施工後の保証をしてくれるところもあり、再施工のコスト面での心配が要らないのもメリットです。

それでも、「私は専業大家で好きに動けるし、品質も業者並みにできる自信がある！」と言う方も少ないながら存在するかもしれません。ここまでのレベルに達された方ならば、「もう好きにやってください」としか言えないです。自分の時間をどのように捉えるかは個人の自由だと思うからです。

しかし、多忙な投資家ならば、セルフリフォームをやるメリットはあまりないかと思います。私も簡単にコーキングを打ったり、壁紙を剥がして貼り換えたりするくらいはできますが、前記の理由から自分でリフォームをするのは隠居して、「暇で家にいるくらいならばリフォームでもしてくれれば？」と妻から言われるまでは絶対にないだろうな、と思います。

どうか、**単純に材料費や人件費の削減という観点だけでなく、機会損失の考えも入れて**

みてください。投資物件は、常に入居者があってこそ成り立ちます。その募集活動が1カ月遅れることは、1カ月空室が出てしまうことだと意識して、機会損失を減らすことにも注目して参りましょう。

「セルフリフォームは機会損失の点も見ると、明らかにマイナス。しかし、プロ並みの腕ならば好きにやるべき！」

第6章

融資を得た後の罠

43 オーバーローンのリスクを知らない罠

▼違法なやり方でローンを組むと自分に返ってくる

今からお話しすることは、違法行為を推奨するわけではありません。リスクを抱えながら違法行為をしてしまった際、その恐ろしさをわかっていただきたいのです。

お客様には何も知らせずに、簡単にオーバーローンを推奨する投資理論が後を絶ちません。それも、しっかり金融機関に正面から相談して勝ち取った融資ではなく、金融機関をだますような形で得たオーバーローンです。これには大きなリスクがあることを知っていただきたいのです（もちろん、安全なプロパーローンはこの限りではないです）。

もっとも、業者からではなくお客様の方から「どうしてもやってほしい」と強く希望して、業者にお願いすることもあるでしょう。しかし、リスクを知ってお願いをするのと、知らないでお願いするのではまったく違います。

何かが起きてしまったとき、最後に責任をとるのは買主です。業者は責任をとりません。恐らく、**「責任は一切負いません」**的な書面へのサインが必要なこともあるでしょう。

業者も本音では違法行為などしたくない

ここで珍しく業者側の気持ちをフォローさせていただくと、**本当は業者としても金融機関をだますようなオーバーローンなんてやりたくないのです。**万が一発覚してしまえば、「あなたのお客様がだまして融資を得た」ということで、その業者と該当金融機関とのおつきあいが未来永劫なくなる可能性があるからです。行政的な指導があるかもしれません。また、手間も調整も必要ですので、普通に原則通りの融資で取り組めるお客様の方を優先したい気持ちもあるでしょう。

融資額は本来ならばある程度少ない方が、キャッシュフローの増加に寄与します。むや

図表6 オーバーローンにおける買主と売主の関係

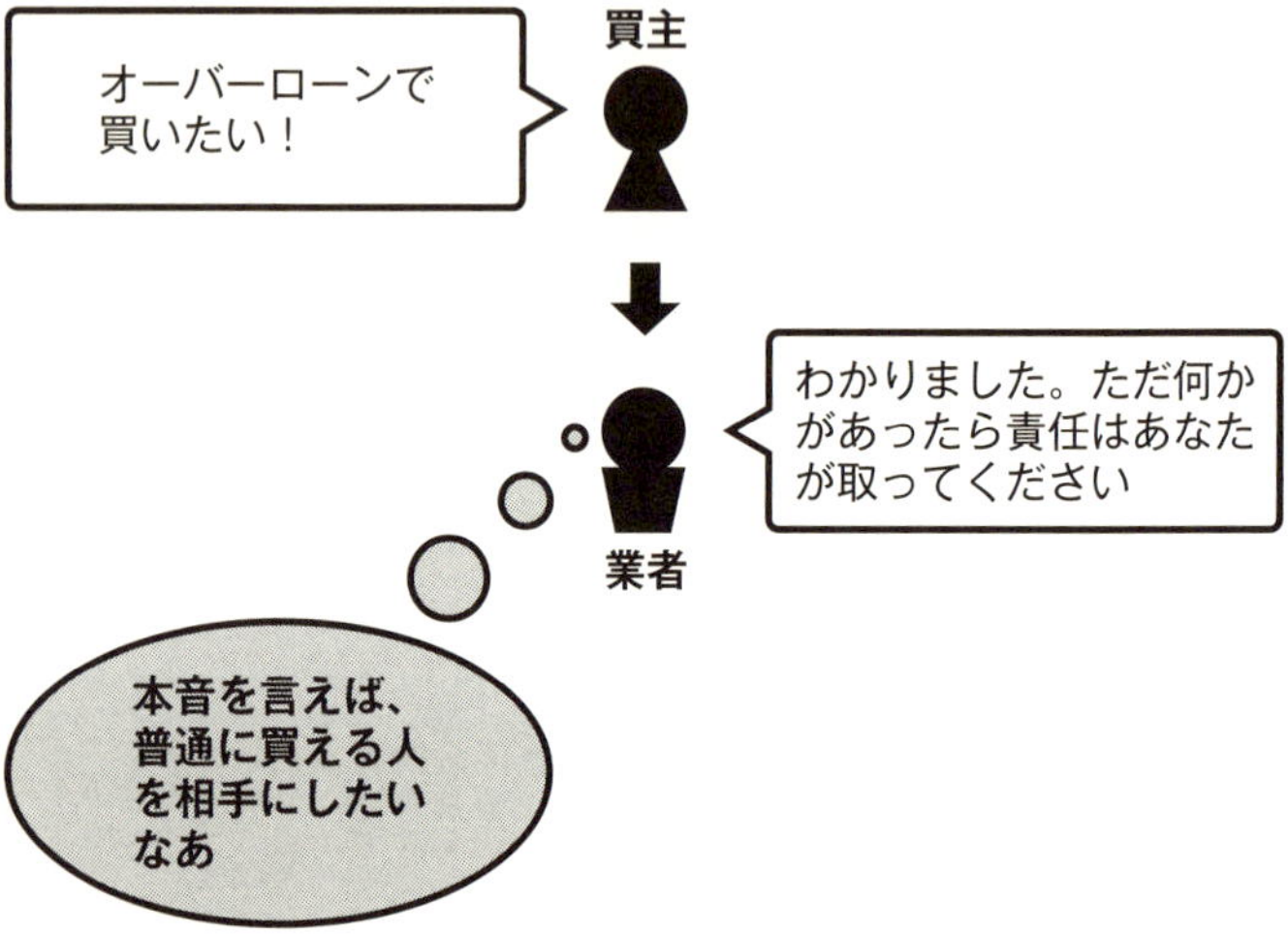
買主
オーバーローンで
買いたい！
業者
わかりました。ただ何か
があったら責任はあなた
が取ってください
本音を言えば、
普通に買える人
を相手にしたい
なあ

みやたらにフルローンで進めない方が、お客様の利益も厚くなるので、本来ならばそのようにした方が良いのです。

それなのに、なぜ手間もリスクもあるオーバーローンの協力をするのか。それは、お客様から強い希望があったからではないでしょうか。彼ら業者も、お客様からの希望がないのに「オーバーローン行きましょう！」とは言わないはずです。

その融資を希望するのは自分であり、**結果も自分が負うのだ**ということを肝に銘じましょう。**原則外の動きをするということは、それだけリスクがある**行為なのです。

もっとも、金融機関と真正面からやり

とりをして得たフルローンならば、リスクは融資額が多いことによる利益減少リスク・返済リスクのみです。これは工夫次第でどのようにも解決できます。しかし、そこに違法なだましが入ったとすると、一括返済や詐欺として問われるなど、取り返しのつかないことが起きるかもしれないリスクが追加されます。

次項以降で、具体的に見ていきましょう。これは絵空事ではありません。実際に顕在化した例がある、非常に重いリスクなのです。

「オーバーローンはプロパー以外だと危険がたくさん。気軽にやろうなどと思わないように！」

44 オーバーローンの影響が後から出る罠

▼結果的に大きな損出が出る

今からお話をする前提は、不当なオーバーローンを得た場合です。この手法は、恐らく今横行しているオーバーローン手法ではかなりメジャーな手法かと思います。あなた自身がやっていると思って、ご覧ください。

さて、この度めでたくオーバーローンを得て、持ち出し0円でも何千万円もの不動産を買うことができました。しかも、資産管理法人名義での融資です。この方にとって初めての投資用不動産でした。

「あのセミナーで言っていたように、サラリーマンの私でも持ち出し0円で法人融資を受けて、不動産投資ができた！」

「空室を埋めるのも、あの本で読んだような手段を使ってみて、モデルルームとかやってみよう！」

法人融資での購入成功の喜び、これからチャレンジしていくことへの期待もあり、この方にとっては順風満帆な不動産投資のスタートです。

ここから対策をした空室対策もうまくいき、見事満室になりました。これで満室大家となり、大きな手間なしでの不動産収入達成です。

毎月送られてくる管理会社の報告をホクホクと眺めます。ほぼ何もやることはありませんでした。そのまま月日は流れ、法人決算の時期が近づいてきました。

自分で探した、格安で業務を行ってくれる税理士に、昨季の収入・経費の資料・税金の資料・購入した物件の資料を渡して、決算と確定申告を行ってもらいました。

法人所有なのでこの方が想像した通り、個人で持つよりも税額は少なくなったようです。

こんなにうまくいくならば、「もう1棟買ってもいいかな？」とこの方は思い始めました。

買った物件は相変わらず満室運営が続きます。オーバーローンで買ったので、自己資金の額は増えています。決算書も黒字なので、融資への良い材料となるでしょう。

そして、物件が出ました。首都圏近郊で、積算価格＞物件価格、現状入居は満室、利回り10％、ＲＣの築20年、駅徒歩５分という超優良物件です。「これは買いだ」と思ったあなたは、すぐに買付を入れながら金融機関を探します。

もちろん、次も法人融資が良いので、条件が良い１棟目の融資をくれた銀行に相談に行きました。ここならば、法人融資をしてくれた実績もあるし、安定運営が続いているという口座の動きもわかっているので、「良い返事がもらえるのではないか？」と思ったのです。

一転、もう二度と不動産投資ができないようになる

１期目が終わった法人決算書・確定申告と個人の確定申告と物件資料などの資料一式を持って銀行に行きました。

「今回もいい融資をもらえるのだろうか？」「良い物件だから、ぜひ買いたいな」

取組姿勢は前向き、気分は上々です。

しかし、金融機関からきた回答はこの方が想定していなかった、恐怖の内容でした。

「あなた、前の物件を買ったときの価格、間違えていませんか？」

「うちで保管している契約書にある建物価格を基にした償却額と、決算書の償却額が合わないですよ」

「もしかして、本当はもっと安い価格で物件を買っていませんか？」


なんと、業者が作ってくれた価格を高く見せた契約書で融資打診をしたのを忘れ、正規の契約金額で決算手続きを行ってしまったのです。しかも、決算書を見せてしまったのだから言い訳はできません。

あなたは動転し、謝ってしまいました。その後、銀行が持っている契約書とあなたの契約書が違うことが判明してしまいました。

銀行としても、ここまでなってしまったことに目はつむれません。虚偽の申告によって融資を得た、悪質な詐欺行為と判断し、融資額の全額返済を求めました。

この方に残された選択肢は、物件を売ることしかありませんでした。困った事情を見透かされて安く買い叩かれ、結局融資額を全額返済することはできませんでした。

順風満帆に不動産投資を行っていたはずが、一気に大きな負債を持ち、銀行には大きな信用棄損を起こしてしまいました。

こうなれば、もう不動産投資を行うことはほぼ不可能でしょう。何年も後には制度上は取り組むことが可能かもしれませんが、過去の記録は残ります。なにしろ、銀行をだまして融資を得た人間です。そもそも、返せなかった融資の返済だって待っています。近いうちに再び不動産投資を行うことは、ほぼ不可能です。

▼オーバーローンは自己責任がとれる範囲で！

こんなことが、実際に起こっています。この事例は、**自分がしていることに対してリスク意識がないために、大事なところで落とし穴にはまってしまった**のでした。しかも、回復には何年も何年もかかる、大きな傷を負ってしまいました。

すべては、不当なオーバーローンを無理に組まなければ、この手法のリスクを知っていて、きちんと頭金を入れていれば避けられたリスクでした。

いかがでしょうか。違法なオーバーローンにはこんなに重いリスクがあります。

自らに降りかかるリスクもしっかり知った上で、「それでも私はどんな手段を使ってでもオーバーローンで不動産投資をやりたいんだ！」という方のみ、自己責任で解決できる範囲で、周囲に迷惑をかけないように投資を行ってください。こうした違法オーバーローンに対する本音は「あまりやらないほうが良い」と言いたいのですが、どうしてもオーバーローンをやる例は後を絶ちません。

各個人によって状況や価値観は違うと思うので、一概に判断するのは難しいですが、**すべての責任を自分で持つ覚悟と、周到さは必要**なのかもしれません。

以上、こんな怖いオーバーローンの罠についてでした。ここまでの一括返済は、あまりに悪質でなければ、金融機関の判断となるところもありますが、最悪の事態は想定してください。

「不当なオーバーローンには最大のリスク、一括返済がある。
できればやらないほうが得策！」

45 借り換えの罠

▼借り換えは慎重に

次は、投資運営1年〜3年の方がよく考えるであろう、融資借り換えについてです。不動産投資の融資というのは、一部プロパー融資を除いてはパッケージ商品であることが多いです。一方で、**借り換えはオーダーメイド型である場合が多く、購入段階では出なかったような良い融資条件が出る可能性が大いにあります**。

その背後には、他の金融機関が融資承認を出した案件だから、などの理由があるため、頑張った融資条件を提示できたりするのです。とはいえ、借り換え先の金融機関の融資基準を満たす必要がもちろんあります。

もちろん、あなたからすれば借りた当初よりも良い条件が出るので、言うことなしです。

ただ一点、気をつけなければならないこともあります。

借り換えをしてしまったら、借り換えをする前の金融機関は、恐らく今後あなたに融資をしてくれることはなくなってしまうでしょう。金融機関があなたのために融資を出してくれたのは、長い間の利息収入を見込んでのことです。何十年も貸してくれるのは信用・信頼という言葉もあるかもしれませんが、一番大きいのはそこです。

利息収入を減らされる「金利交渉」もありますが、「借り換え」は他金融機関に利息のメリットを与え、自分たちの利益は何もなくなってしまいます。これは、金融機関にとっては最悪のことです。

▼金融機関が借り換えを嫌う理由

そのことが如実に表れている部分があります。繰り上げ返済についてです。金融機関は繰り上げ返済に対して違約金を設定したり、手数料を設定したりしていることがあります。

また、その違約金についても「売却に伴う一括返済」には適用をしない場合もありますが、**「他金融機関での借り換え」にはほとんどの場合で違約金適用となるでしょう。**総融資額の2％くらいが相場でしょうか。金融機関が将来得られるはずだった利息収入と比べたら少額です。

そんなわけで、**金融機関は借り換えを極端に嫌います。**借り換えというのは、古い言い方ですが、その金融機関にこちらから「三行半《みくだりはん》を突きつける」ようなものだと思って下さい。

もし、あなたが借り換えの提案を受けたとき、まだその銀行の融資枠が余っているならば、使い切ってから借り換えをするか、それとも次の物件も借り換え先の金融機関で得られるか、などは慎重に検討してからのほうが良いでしょう。

たとえば、A金融機関は利息が4・5％だけど融資限界は年収の30倍までで、借り換えを打診してきているB金融機関は利息が2％だけど融資限界は年収の15倍までとします。すでに持っている物件の融資額があなたの年収の15倍相当だった場合、借り換えで利息は2分の1以下になりますが、年収15倍の枠を使い切ってしまうので、B金融機関ではその後新規申し込みができません。これでは、拡大路線を目指す方にはマイナスです。

Ａ金融機関も、借り換えをされたことで今後のつきあいは難しいでしょうから、融資を出してくれなくなるでしょう。

借り換えのメリットも

一方、たとえばＡ金融機関で既存の物件のほかに、同じ規模の物件をもう一つ融資を受けて買ったとします。合計融資額は年収30倍相当です。借り換えの場合には、パッケージ的な融資枠にとらわれず、オーダーメイドで融資を組んでもらえる可能性がある、というのは先述の通りです。つまり、年収15倍が基本のＢ金融機関でも、年収30倍相当の融資をすべて借り換えしてくれる可能性があります。ならば、Ａ金融機関で融資枠を使い切っておいて、その後Ｂ金融機関や他金融機関の借り換え提案を受け入れたほうが、メリットは大きいと言えます。

また、個人から法人への借り換えなども場合によっては可能です。**借り換えはうまく使っていけば、大きなキャッシュフロー改善につながりますし、融資枠の拡大にもつながり**

ます。

しかし、借り換えを行うということは「絶縁状」を叩き付けるのと同じような意味なので、タイミングはよく考えてください。

「借り換えは収益改善効果を持つ絶縁状。タイミングは慎重に！」

47 金利交渉の罠

▼簡単ではない金利交渉

よく、利息が高い銀行で借りても、「すぐに1年で金利は交渉できるから大丈夫ですよ」というおススメをしている営業マンやコンサルタントを見ますが、そんなに簡単なことではありません。

高い金利の銀行のビジネススキームはよくできており、他銀行の融資基準には掛からないような条件の物件でも長期間・融資額も大きく出して、他行の借り換えを出しにくくする、その結果高い金利で利益を得るというスキームです。

万が一借り換え打診が来たとしても、解約違約金のチラつかせと利息交渉に応じる態度を見せることで、借り換えを踏みとどまらせる手も残っており、それが利息交渉に応じるという説となって投資家に流れたのです。

原則論から言えば、**金利交渉は簡単にできるものではなく、あくまでも相互の利益・つきあいを考えた上でできる交渉である**、ということを御承知いただければと思います。

もし、あなたが金利交渉をしたいなら、逆の立場で金融機関側が金利交渉を受けることの意味も考えましょう。そもそも、金融機関が自分から利益を減らすことになる金利交渉を、借り手に提案することはほとんどありません。むしろ、金利はそのままにしたい（上げるときには上げたい）と思っているはずです。

原則として、**借り手側からお願いをしない限りは金利が下がることはあり得ません**。しかし、お願いをすればなんでも金利が下がるわけでもありません。

大前提として**賃貸運営が順調な優良融資先として認識されることが必要**です。つまり、これからも安定して利息支払いを続けてくれる、良いお客と思われることです。一般論ですが、良いお客とは当然、金融機関はずっと良い取引を続けたいと思うものです。

一方で、良いお客といえども無理に「割引してほしい」「なんとかならないか」と言ってくるならば、無理な注文をする悪い客と思われてしまうかもしれません。

根拠なく希望だけで金利交渉ばかりしてくる借り手には、金融機関はあまりポジティブではありません。もともと決まっている融資条件もあるので、希望があったからと言って無理に下げる理由もありません。交渉を断ったからと言っても、融資条件通りに返さないといけない金銭消費貸借契約があるので、危機感もありません。

▼金利交渉は理論武装が必要

しかし、その良いお客に、ライバル金融機関から取引が持ちかけられたらどうでしょうか。ライバルとしては、満室運営をしていて安定の収入があるという事情を強く考えており、今の融資条件よりも良い条件を提示してきています。そこで、ライバルにお客を取られないように、既存の金融機関はどのように考えるでしょうか。

黙ってお客を取られるようなことは、もちろんしたくはありません。貴重な融資先、利息収入を得られるお客です。それならば、借り換えの条件次第ですが、こちらも改善条件を提示して、取引を継続させるか提案してみよう、と考えるのではないでしょうか。

つまり、**他企業からの借り換え提案があるからこそ危機感も生まれ、金利交渉の余地も出てくる**のです。杓子定規に「2年たてば金利交渉ができる！」という体験談を鵜呑みにして金利交渉を失敗した方は、この原則を思い出してみてください。

これは、特定の金融機関に対して、というよりは一般論としてどの金融機関に対しても言える論理であると思います。金融機関によっては金利交渉をされるくらいならば、借り換えをしてもらってもかまわないという考えの所もあるかもしれません。

また、どの金融機関も借り換え提案もくれないような条件の物件である場合には、この論理も通用しない可能性があります。

自分の物件にどういう融資がつく可能性があるか、なども意識すれば、借り換えや金利交渉もやりやすいかと思います。

「借り換えは一方的には進まない。金融機関の事情も考えることが大事！」

第7章
売却時の罠

47 売却値段決めについての罠

▼売るのは買うより難しい

「売却」というのは、融資を得て購入している方にとって、購入よりも実は難しいものです。購入のときには自分の基準があって、それを上回る物件・大幅に上回る物件も多く出てくることでしょう。投資物件には大体の相場があるとしても、様々な理由で安く売りに出される物件は多くあります。

物件を買うフェイズでは、情報を得る段階だけで見れば、誰もがゼロからのスタートです。そこには何のマイナスもありません。資産的にマイナスな方は、そもそも不動産投資を行えないと思うので、ここに乗ることはできません。もちろん情報を得てからのチャンスは属性次第ですが、マイナスからのスタートということはありません。

しかし、**売却の場合には皆がゼロベースのスタートにはなりません**。融資を長期で受けている場合には注意が必要です。特に元利均等返済で借りた当初5年～10年は、建物価値の下落に融資元本の返済が追いつかず、年月を経るごとに簿価と残存融資額の乖離が大きくなっていきます。

もちろん、積算価格だけで融資を決める金融機関ばかりではありませんが、売却に関して有利な材料が棄損してしまい、買主候補の融資に影響することは間違いありません。

もし相場並みに買えていたとしても、オーバーローンを受けていた場合には、売却に対してのストレスは増してしまいます。明らかに通常相場より高く買ってしまうと、その時点でマイナスのスタートになってしまいます。

売却をするには、大前提として融資額を返しきれるだけの金額で売却ができなければ、売却損が出てしまいます。相場より安く売るということは、お金に困って売る・すぐに現金化したいから売るなど、比較的件数は出やすいです。けれども、相場よりも高く売るということは、買う側が高値と知っていて買うか、高値と知らないままで買ってしまうということなので、なかなか難易度は高いです。相場より大きく安い物件が出にくいということと以上に、相場以上に売れるということは少ないのです。

結果、相場より高く買うか、相場並みでもオーバーローンを組んでしまうと、そのギャップで売却時に損が出てしまうこととなります。

そんな事情でも、長期保有をして融資額を大きく返済できていたとすれば、どこかで売却にかかるストレスは軽くなります。極端な話、実勢の土地値まで融資額が下がってくれば、その時点で売却損が出ることは恐らくないでしょう。

物件売却の最低ラインとして、投入した自己資金と、融資残額をカバーできる額に設定できないならば、その時点で負けです。

売却価格は買い手のことを考えて

売却価格を決めるにあたっては、**相場をよく考えて、自分の物件のスペックを考えて、その中で少し高値に設定することが王道**です。たとえば、あなたの物件の存在するエリアでの最近の売却相場が全構造・築年数を均して利回り8%くらいとしましょう。そこで、あなたが耐用年数切れの木造物件を利回り6％で売ろうとしても、「相場より利回りが低いので難しいですよ」となってしまいます。

物件の稀少性や収益状況・手入れの状況などにもよるので一概には言えませんが、周囲と比べて10％・20％高い水準で売るには、よほど特徴のある物件でないと厳しいでしょう。よく、相続時の対策として買いたい人に売れれば高く売れる、という話がありますが、実際はそううまくはいきません。総務省の統計によると、60代以上の資産額の平均は約２０００万円、中央値は１２００万円程です。また、相続税の対象となる資産額は３０００万円＋（６００万円×相続人の数）です。たとえば、相続人が妻と子２名の場合は、３０００万円＋（６００万円×３人）＝４８００万円までの資産額ならば、相続税はかからないことになります。

平均的な資産額の２０００万円に、自宅として30年住んだマンションがあるくらいならば、恐らく課税対象になりません。

以前は控除額がもっと多かったので、対象となる人も多くはありませんでした。そのときの日本全国で、大体４％くらいが相続税の対象となっていました。平成27年以降の控除額減少を考慮したとしても、その割合は６％ほどにしか増えません（参照 http://www.

jili.or.jp/lifeplan/houseeconomy/succession/8.html)。

高齢者人口3100万人のうち6%=186万人が相続税の対象となります。ちなみに、控除前より増えた2%分の方は、資産額が4000〜7000万円ほどの額に留まると考えられるため、積極的に不動産を購入してまで相続対策を行うとは考えにくいです。孫への学資金贈与や、息子への住宅購入への贈与制度を使えば、相続対策はできてしまうからです。つまり、3100万人の4%=124万人が単純な対象となります。

その中でも不動産を利用した相続対策を行うのが有効な、金融資産が7000万円以上ある方は、某保険会社の調査によると高齢者のうちの約25〜30%という調査結果がありま す。つまり、124万人のうちの30%で約41万人です。

その41万人の方々が、数ある不動産の中から、相場よりも高くて魅力的でない高値の物件を買ってくれるのでしょうか? 大体、資産が7000万円以上あるような方は、世間的な地位がある程度あるかと思います。そんな方の傾向として、より属性の高い物件を好む傾向があります。つまり、同じ評価の物件だとしても、**「どうせ買うなら一等地の物件が良い」**と思考する傾向があるのです。**「資産性のある立地の物件を買って、一族に引き継いでいきたい」**という想いも大きいようです。

地方ならばその地域の一等地、または東京の「名前がある町」が選ばれる傾向もあります。あなたの物件に、それだけの稀少性はありますか？　富裕層の方に好まれるような物件でしょうか？

そうでなければ、**「相続用に不動産購入を検討している方向けに売りたい」などという幻想は捨てたほうが良いです。「自分が富裕層になっていたとしたら、どのような資産を一族に残したいか」ということを考えていただければよくわかるかと思います。**

そのような事情もあるので、売却価格を決めるにあたって高くなり過ぎないように、一般の買い手のことも考えていきましょう。**買い手が融資を引けるような、買い手がこれを買ってきちんと儲けが出るような、そんな商品にしないと、そもそも売れないい**ことが原則だと思ってください。

「売却価格は売主が決められるが、好き勝手に決めては売れない。買主のことを考えよう！」

48 媒介形式の罠

▼売買仲介は複数の不動産業者に話を聞く

大体の値段想定をしたら、あとは不動産業者との媒介契約です。物件売却をする際には、不動産業者に売買仲介を依頼する「**媒介契約**」を結ばなくてはなりません。形式については初歩的な内容なので省きますが、媒介形式を選ぶ上で実際にあった失敗事例をお話しします。

まず、よくある失敗パターンなのが、「**よく知らない業者だけど専属専任媒介にしてしまった**」という点です。信頼ができて売却実績も強い業者ならばいいのでしょうが、とりあえず問い合わせをしてみた業者が「希望価格で売ります！」と言って専属専任を取ろうとすることはよくあります。

ここでも、素人であるみなさまが「こんなに強く業者が言うならば大丈夫だろう」と思ってしまうと、業者の思うツボです。

「専属専任＝この1業者しか販売活動をしません」という形式です。他の業者が横入りすることが不可能な形式です。良く言えば、信頼できる業者に頑張って売却活動をしてもらえます。信頼関係を築けた業者と取引できれば、ストレスも少ないのではないでしょうか。

悪く言えば、業者としてはこのお客様の売却は自社で押さえたので、他業者と競争しなくていい。ゆっくり売却すればいい、この物件を仲介できるのは自社しかないので、希望額は少し高いと思うが、売れないなら売れないで後からいくらでも条件変更を提案することはできる、という取引になる可能性があります。

「1つの業者に絞るのは、売却先を探す〝情報〟的に不利ではないか？」と思われる方もいるでしょう。その考え方は、半分正しくて半分間違っています。確かに、はじめから不動産流通機構（ＲＥＩＮＳ）に物件情報を登録し、不動産投資のポータルサイトに載せるようならば、情報的にはあまり不利ではなくなります。しかし、それでも各業者には**「会社ごとの集客の強み」**があります。

たとえば、銀行系の不動産販売業者ならば、銀行が抱えている富裕層の顧客にアピールできるというメリットがあります。また、財閥系の販売会社などは自社の販売サイト・過去の顧客情報も充実しているため、他ポータルサイトに公開せずとも、独自のネットで集客ができるかもしれません。投資家の間で人気の不動産投資専門会社ならば、様々なレベルの投資家目線を把握していて、営業マンも投資用不動産の話に慣れていると思うので、そういった営業面の力があるかもしれません。

▼売買仲介にも戦略が必要

もし、あなたがすべての情報を一般公開するならば、色々な業者が二次紹介を展開していくので、様々な方の目に触れることになるでしょう。

一方で、あなたが秘密裏に物件を売却したい場合は、専属専任だと業者によって情報力に差が出てしまい、物件が売れるのが遅くなる可能性があります。時期が遅くなるだけなら良いのですが、売れないことにより「やっぱり値下げをしないと無理ですね」となってしまう危険性もあります。

「どのくらい早く売りたいか」「どのくらい価格を攻めて売りたいか」「一般に情報が出ても良いか」「一般に情報が出ないようにして売りたいか」などの希望をよく考えて、どんな業者に・どんな媒介形式でお願いするかを決めたほうが良いです。

個人的には、あまり調子の良い金額を言ってきて、それで専属専任を取ろうとする業者はあまり信用していません。

価格が高めならば多少時間がかかることも覚悟して、様々なルートでの営業活動をお願いしましょう。「すぐに売れるということは価格が安すぎるのだ」と判断してしまうのは、元住友の人間の性《さが》でしょう。「買いだ！」と思われるからすぐ買われるのだと思うので、そのギリギリを見極めて様々な業者の協力を受けて売却していきたいところです。

「信頼できるパートナーなら専属専任。色々な業者の様子を見るなら一般もアリ！」

49 情報公開の罠

▼視覚情報公開は売却先を広げるのに有効

それでは、実際に売却を決めたあなたが「この物件はREINSに載せますか?」「ポータルサイトに載せますか?」という提案に対して、「イエス」と答えた場合について書いていきましょう。

情報公開のメリットとして一番大きなものは、**「早く売れるかもしれない」**、ということです。今や、一部の富裕層を除き、色々なサイトを訪問してそこから物件情報を得る不動産投資家がほとんどです。私は信頼できる業者からの情報でしか買いませんが、相場観を養い続けるためにポータルサイトは見ています。

そもその露出が多くなれば、当然検討している方の目に留まる機会が増え、お客様に巡り会うスピードが速くなるかもしれません。

情報公開デメリット　その1

この手法には大きなデメリットも存在します。まず一つ目は、**先入観を持たれてしまう**ことです。不動産取引は、良い情報は公開される前に、特定のつきあいで取引が成立してしまうことが多いです。これを逆に解釈すれば、情報公開をしないといけない物件は、**「特定のつきあいではさばき切れなかった、売れ残り物件である」**と言うこともできるのです。

私は「売主＝販売者＝デベロッパー」的観点からするとポータルサイトに出ることが悪いこととは思いません。特にマンション販売などの販売系の業界では、「早く売れすぎる＝割安だと思われている」という価値観があります。「こんなに早く売れるなんて、値段設定をもっと高くできたんじゃないか？」という考えが出るのです。

よく、マンション販売では本当は売ろうと思えば全部まとめて売り出せるのに、わざと「優先販売」「第一期販売」「第二期販売」などの段階に分けて、一定の部屋数を何度も販売しています。これは、各段階でどのくらいの売れ行きで、**「今の価格が割安か？　割高か？　適正か？」**ということを測っている、という意味もあります。「優先販売」で特定の部屋タイプが抽選になるくらいで即完売となったのならば、次の「第一期販売」では同じ部屋タイプが値上げされる可能性があります。仮に、すべての部屋が即完売になってしまったならば、企画（値付け）担当が「こんなに安売りしやがって！」と怒られることすらあります。私が元いた不動産会社でも、優先販売から次の販売、その次の販売と進むにつれて、同じ部屋タイプが１部屋当たり１００万円の単位で値上がりしていった、という例もありました。単純に１００室あれば、億の単位で売り上げが変わるので、バカにならない利益です。

これと同じように、あまり早く売れてしまうような物件は「売り」の考えからすると、少しもったいない値付けをしていると思ってしまいます。「とりあえず高めの値段で、買いたい人が現れたら売れればいいや」と思っていたのに早く売れすぎると、安売りしてしまったと感じるのではないでしょうか。

情報公開のデメリット　その2

また、2つ目のデメリットとしては、**営業に来る不動産会社が増えます**。専属専任なら問題ないでしょうが、一般媒介ならば「うちの会社でも取り扱わせてほしい」と連絡してくる業者が後を絶たなくなるでしょう（無理な値段設定でなければ、の話ですが）。

何度も連絡が来る業者対応や、アポイント、契約書のやり取りだけでも大変です。**不動産業者は、REINSを見て「これは自社でも売れるな」と思えば、容赦なく営業してきます**。判明するのは住所であることが多いので、登記簿上の所有者の住所にはたくさんのDMが来るはずです。

「うちにこんなお客様がいるので、すぐ売れるか聞いてみるだけ聞いてみましょうか？」
「この辺の物件を売ったことがあるので得意ですよ。この条件ならすぐ売れますよ」
「あの業者はダメです。うちならこういう条件で買主さんを探せますよ」

というように、素晴らしい営業文面で仲介の契約を取りに来ます。

ご多忙な方、すでに信頼している数社に依頼している方などにとっては、面倒なやり取りが発生してしまうかもしれません。

とはいえ、情報がお客の目に入らないと、売れるものも売れません。なので、ポータルサイトへの掲載は行ったほうが良いでしょう。安値で出していて、すぐにお客がつくような場合は別ですが、できるだけ高値で売りたいのならば、情報が出る範囲はなるべく広くする方が、お客がつきやすいと思います。**高値で何とか売るには、1人でも多くの目に留まるよう、物件を公開することも、時には必要です。**

私ならば、はじめは非公開で数社に募集してもらい、それで売れなければポータルサイトに出し、それでも売れなくて初めてＲＥＩＮＳに登録してもらいます。

「売りたいスケジュール、売りたい価格、そこを決めてから情報公開範囲を決めよう！」

50 正直に言うと買い叩かれる罠

一般媒介の取引は慎重に

物件の売却は、**仲介会社に包み隠さず物件情報を開示する**のが絶対です。一方で、あなたが**売却に至る理由をすべて正直に話すと危険**な場合があります。特に、一般媒介の場合は要注意です。

専属専任の場合ならば、仲介業者は1つです。その場合、売主と買主の両方をしっかり立てるのはもちろんですが、特に専属専任を申し出てくれた売主に対しては、恩義があります。一般媒介を選んでも良いのに、わざわざ専属専任にしてくれたのです。

もちろん、ビジネスなので売れる価格で売るということに間違いはありませんが、専属専任ならば、他業者が入る隙はありませんから、時間がかかって良いという意向の売主ならば、その意向に従ってゆっくり売却すれば良いのです。

しかし、一般媒介の場合は話が違ってきます。一般媒介は、多くの業者に声をかけられることがメリットですが、業者からすると「他業者との争い」になるという側面もあります。一般媒介を受けた業者の既存客で反応がない場合、他業者との争いもあるので、積極的な業者は何とかして売るために売主に条件変更を申し出ることがあります。

「今1億2000万ですが、1億1000万なら検討するというお客様がいるのですが」
「今の条件では反応がまったくありません。想像以上に相場が下がっていますので、指値を受け入れてもらえませんでしょうか？」

この言葉の裏には、**「他の業者との競合があるので、買主の希望を通せるのなら通して、他業者よりも早く取引を成立させたい」**という本心もあります。本当に何も反応がないレベルの値づけだったならば、本来は募集前に厳しいかも？ということが予想できるはずなので、苦戦するかもしれない旨を伝え、価格を適正値に決めることが必要です。しかし、媒介に食い込むために売主が希望する額を「無理とわかっていながら」了承して、そこから値下げをするように言ってくる業者も多くいます。

売却の理由をすべて言う必要はない

もし、この状況下で「いついつまでに売らなくてはいけない」「なるべく早く売りたい」など、売却の背後にある理由を業者が知っていたとすればどうでしょうか。そこにつけ込む理由をつけて、売却価格が安くなるような提案をしてくるかもしれません。

事情はすべて言わずとも良いのです。**ちゃんと資料さえ出せば、あとはそれなりの理由を言えば良いと思います。**

「家賃も下がってきそうだからキャピタルゲインを取りたくて、売ります」
「管理が面倒になってきたし、売って利益を確定させたいから売ります」
「実は家族の事情で近いうちにお金が必要になりそうだから、安全を見て売ります」

などの理由は、伝えるとかえって値段下げの交渉材料に使われてしまうと思うので、言わない方が高く売れる可能性もあります。

とはいえ、本当に困っていてすぐに売らないといけない場合は、自分の思っている価格でないと売却に応じられないことをしっかり伝えて、売却にあたりましょう。

相場よりも安く売らなければならない人は、困っている人か急いでいる人が大半です。

そこを匂わせないようにして、

「〇千万円以上なら売ろうと思っています」

「今は相場が高いと聞いているので、良い値段で売れるなら売ろうと思っています」

くらいにしておくと良いでしょう。

「あまりすべての理由を伝えすぎると、そこから足元を見られることがある！」

51 物件が売れていく過程について知らない罠

▼物件が売れていく条件

物件を高い値段で、すぐに売りたいというのは難しいです。なぜなら、**市場にある物件は「買主にとって良い物件＝相場よりお得感のある物件」から売れていく**からです。

たとえば、以下のような物件があるとします（建物の状態は同じレベルと仮定します）。

A　相場より安い。立地も良い。入居も良い。

B　相場より安い。立地が悪い。入居は良い。

C　相場より高い。立地が良い。入居も良い。

D　相場より高い。立地が悪い。入居は良い。↑あなたの物件はこれです。
E　相場より安い。立地は良い。入居は悪い。

一般的に言うと、図表7で示したように、まず先にAの物件が売れます。次に売れるのは、BかEです。Bは立地が悪いものの、相場より安く、入居もしっかりあります。「その入居内容がどうして良くできているのか？」「立地が悪い中で何かアドバンテージがあるのか？」などが解決できれば、お得な物件かもしれません。ただし、広告料を3カ月・半年間家賃半額サービスなどの無茶苦茶なバラマキで入居を確保している可能性もあるので、そこは注意しないといけません。

Eは立地が良く、相場より安く、入居だけ悪くなっています。これは、恐らく売主の目線が売却に行っていて賃貸募集にやる気がなかったり、任意売却などで管理が弁護士に移っていて募集がされていないなどの事情があると予想されます。そのように解決できそうな事情であれば良いですが、別な理由で入居が悪いならば、注意が必要です（例　過去に殺人事件の現場となったマンションだった、など）。入居づけに関しては、慎重に調査が必要ですが、割安感があるので動きはあるでしょう。

図表7　物件が売れていく順番

❶ A【安い○　立地良い○　入居良い○】

↓

❷ B【安い○　立地悪い×　入居良い○】
E【安い○　立地良い○　入居悪い×】

↓

❸ C【高い×　立地良い○　入居良い○】

↓

❹ D【高い×　立地悪い×　入居良い○】

さらに次に売れるのが、Cの物件です。立地が良いこと・入居が良いことを理由に高値をつけています。入居・立地のアドバンテージが強ければ、高属性の物件が欲しい方、地方から首都圏への資産移転を目論んでいる方などが検討する物件かもしれません。

最後になるのはD（あなた）の物件です。市場からA・B・C・Eの物件がすべてなくなったときに、ようやく候補に挙がってくるのがDの物件です。相場より高いのはもちろんですが、立地が悪いというのは致命的です。なんとか入居は良いようですが、相当なご苦労をされているのか、実は立地が悪くても入居が入るのか、はわかりません。その事情が良かったとしても、結局は割高で立地が悪いので、選ばれる順番としては後順位となってしまうでしょう。

▼短期で相場より高く売るのは無理がある

さて、ここまでの論理については、基本的なことなのであまり異論はないかと思います。

ここで、大事なことがあります。それは、市場に物件は無限で供給され続けるということです。簡単な売買順序で言えば、A＞B・E＞C＞Dの順序となりますが、後からF・G・H……という物件がどんどん入ってきます。あなたの物件がDとして、F・G・H……という物件がB・EやCのような位置づけの物件ならば、あなたの物件に検討順が回ってくることは難しいでしょう。

たとえ、あなたの物件が良い立地のCの位置だとしても、AやB・Eの割安物件に比べれば、検討順は原則として後ろにズレます。

そういう事情があるので、**高く売りたいならば相応の時間がかかる**ことは覚悟しなくてはなりません。**短期で相場よりも高く売りたいというのは、原則論から言えば無理な話です。**

キャピタルゲインを求める方は、相場並みで売ったとしても差益が出るような、そういう物件の仕入れ方をするか、相応の時間をかけて高値売却を目指すよりほかにないのです。

物件のポータルサイトなどで、長いこと同じ価格のままで長期掲載されている物件はありませんか？　それは高値売却にチャレンジしているのです。

物件の価格を下げれば（＝利回りを上げれば）、立地が悪くても検討をする方はいます。それをせずに同じ情報をずっと載せ続けているのは、売れるなら売れるで良いし、売れないなら売れないで良い、という比較的余裕のある方なのかもしれません。

短期で売りたいなら、相場並みかそれ以下しかありません。売却益を大きく得て売るための一番の手法は、「**購入時に高値で掴まないこと**」が一番です。つまり、**購入のときに間違えさえしなければ、売却戦略も成功している**ようなものなのです。

とはいっても、すでに物件を買ってしまっている方は、今できることをするしかありません。そのために、この章で書いた原則は頭に入れておきましょう。

「売却の成功は仕入れ時に大部分が決まる。
妥協なき買いから始まることを忘れずに！」

番外編

コンサルタントや不動産投資塾、セミナーの罠

52 不動産投資セミナーの実態

▼不動産業界の裏側に潜む思惑

本章はどこまで書くべきか、原稿を書きながら最後まで悩んでいました。

私も不動産投資を専門にするコンサルタントの端くれです。私の所感を書いてしまうことにより、諸先輩方の仕事を否定するような情報も含まれます。邪魔をする意図はないのですが、コンサルタントとして絶対にやってはいけないことをしている方がいるのは事実です。

また、そういう活動をしている方ほど、不動産投資の世界で横のつながりがあって、糾弾する人がいないという事情もあります。

しかし、私はそのような〝しがらみ〟に囚われないよう、自分の知識と腕と専門家としての人脈で仕事をしています。そもそも、住友不動産で培った知識や経験、人脈があるので、そういう会に属さなくても、専門家とのつながりでノウハウを磨くことができました。

そこで、ここからは投資の裏側に巣食う者たちの思惑大暴露ということで、書いていきたいと思います。業界からの反発は必至でしょうが、大丈夫です。誰かが言わなくてはいけないことだと思うのです。

不動産業者主催のセミナーは物件購入を勧めるのが目的

私も小規模ながら不動産投資セミナー講師の依頼を受けたことがあります。セミナーは大まかに2種類あります。不動産業者がバックにいるタイプか、コンサルタントやカリスマ大家さん系のタイプ、の2つです。

不動産業者の行うセミナーは非常にわかりやすいです。銀行とタイアップをしても、カリスマ大家とタイアップをしても、自社で基礎を教えるのでも、その背後にある目的は

「**物件を売りたい**」「**管理を取りたい**」、これに尽きます。

銀行の融資担当が「こういう基準の物件ならば融資を出しますよ」というお墨付きを与えることで、セミナー中に業者の出す物件を買ってもらいたいのです。あるいは、カリスマ大家が「私はこういう投資をやってきました。それと似た方向性の投資物件を出しているのがこの業者で、今具体的にこういう物件があります！」という話をして、口コミ効果と似たような劇場型の進行で、業者の出す物件を買ってもらいたいのです。

私がセミナー講師の打診を受けたのは少し複雑でしたが、地域の大きな管理会社で、地主2世のような「資産を相続したけれど、どうすれば良いかわからない富裕層の方々」に不動産投資をお勧めしてほしいという内容でした。

業者が自分で「不動産投資は素晴らしい！」と言ったところで、「あなたは結局、売りたいのだろうから、信用できない」となってしまうわけです。

そこで、第三者の専門家の意見が有効になります。第三者をどんな人にするかも大事です。「物件に融資を出す＝その物件を判断する」銀行、多くの物件を所有してきた大家、元財閥系デベロッパーで自らも複数棟を所有・運営するコンサルタントなどなど、「なんか信用できそう」というイメージを持たれるような人を口コミ役として使うのです。

私の場合、あまり営業っぽくなるのは嫌だったので、不動産投資をお勧めするというよりは「資産のある方にはこういう活用法がある」という切り口で説明を行い、直接業者の物件を勧めることはしませんでした。

おそらく私の事例はレアだと思いますが、**もっと直接的なお勧めが入るのが、業者主導のセミナーの特徴**であると思います。もし、セミナーの場では直接なお勧めが入らないとしても、そこで得た顧客リストは物件売買営業のために有効に使われることでしょう。これ自体は、適切な商業活動として歓迎されるべきことだと思います。それが嫌ならば、セミナーには行かない方が良いです。

即断即決を迫るようなセミナーは危険

また、もう1つのカリスマ大家・コンサルタント主催のセミナーですが、その目的はいくつかに分かれます。まずは、信者集めです。**その主催者に心酔させて、高額な有料教材・有料塾などへの誘導を目的として、広く信者を集めるための活動**がこれに当たります。

また、単純に商業活動抜きで投資仲間を作って、有益な情報共有をしたい、投資仲間を作る場を提供したい、という健全な方もいますが、こちらは少数派です。

やはり、業者セミナーと似たように、**大きな収入を生むバック商品があって、それに結びつけるためにセミナーをやっている**方が多いように感じます。もし、あなたが単純に情報収集だけをしたいのならば、バック商品があるようなセミナーへの参加は遠慮したほうが良いでしょう。

とは言っても、「バック商品があるかどうかなんて参加する前からわからない」という方が大半だと思います（おそらく、不動産のプロではない方が大半だと思いますので）。

そういう方は、**セミナーでの熱気にやられてその場での判断をしない**ことを肝に銘じつつ、参加するようにすれば良いでしょう。

セミナーによっては、「今物件を買わないとなくなってしまいますよ！」「このセミナーだけの特別条件ですよ！」「今うちの塾に入らないと、あなたは今後一切入塾することはできませんよ！」などの脅し文句にさえ近い言葉を並べて、即決を迫ることもあります。「そんなことしても、クーリングオフがあるのに」と思うのは内緒です。とにかく、熱気にほだされないように気をつけてください。大体、即決を迫るところにロクなところはありません。引越し屋の「今決めるなら〜」と言う値下げ交渉と同じようなものです。

主催者が何を目的にしているのか、何で利益を得ようとしているのか、その手法は誠実か、などを考えるようにした上でセミナーに参加しましょう。

「セミナーの多くにはバックエンドの商品が存在する。即断即決には気をつけよう！」

53 不動産投資塾の実態

▼個人の目標ではなく、自分の手法を強制する「カリスマ大家」

不動産投資塾とはカリスマ大家が代表となり、多くのメンターという自分の信者で脇を固め、不動産投資の教えを展開していく塾のことです。「塾」というだけあって、多くの方に教えを展開していく以上、代表だけではカバーしきれず、2番手以降のメンターや講師を登用していることが多いです。

費用は高額で、数十万円というものも少なくありません。

さらにプラスで月額費用、追加面談料、物件紹介料などを取ることもあります。

内容はカリスマ大家が実践してきた投資内容を核にしていることが多く、「あなたもこんな風に狙いましょう！」「こんな物件を買いましょう！」というように、個人の目標がどうかと言うよりは、「カリスマ大家やメンターと同じにやりましょう！　そうすれば成功できる！」という論調が強いように思います。

それを後押しするのが、各種メンターや講師の存在です。

「私もカリスマ大家と同じ手法でやって、今やこの規模のオーナーになっています」

「この手法で大家デビューできた方は、当塾卒業生の実に7割を超えています」

などのバイラル効果を利用して、より完成された信者を作っていくのです。

そもそも、塾に入っている時点で信者ではないかと思う方もいるかもしれません。一方で、塾によっては某ジムのように返金保証を設けている例もあり、お試し気分で入ってくる方もいます。

それを、メンターで囲い込み、代表があたかも宗教の教祖のように出てきてアピールし、完成された信者へと教育していくわけです。

人は、当初は「自分」を持っていたとしても、複数の人から同じことを長時間言われ続けると、「そちらの方が正しいのではないか？」と思い込んでしまう心理状態になることがあります。これのひどいものがマインドコントロールと呼ばれたりします。

そして、その手法・思想が正しいと思い込んでしまうのです。もちろん、その塾の手法があなたの思い描く不動産投資での目標とマッチするのならば、強力なバックアップとなるでしょう。

しかし、**何もわからないのに塾に丸投げをしてしまうと、こんなはずじゃなかったと思うことにもなりかねません。**

弊社にも、某塾出身の方が相談に来られたことがあります。明らかにその方に合っていない投資手法を勧められていたので、私はその点を説明し、本当ならばこんな風な物件展開をすべきだ、という旨のことをお話ししました。

結果、その方は後からその塾の声がかかっている業者から提案された物件を買ってしまいました。積算価格も利回りも都市部でないのに低く、収益も立地も明らかにもっと良いものがあるような、そんな物件でした。

注意！　カリスマ大家のバックに業者がついていることも

一度思想に染まってしまうと、そこから抜け出すのは困難です。さらに、高い金額を払っていることで、「こんな高い金額のものが悪いわけがない」という、自己肯定のスパイラルに陥ってしまうということもあります。そうなると、塾を盲信するのみで、その方針以外の選択肢が持てなくなってしまいます。

これは極端な例かもしれませんが、塾には少なからず「**信者を作って利益を得る**」というビジネスモデルの側面があります。さらに、もっと危険なことがあります。それは、**バックに不動産業者がついている可能性がある**ことです。

カリスマ大家で自分も不動産業者になっていれば、逆にわかりやすいです。ブランディングで客を集め、物件を売ることで手数料を得るというわかりやすい商活動だと思います。

カリスマ大家やコンサルタントは業者ではないはずです。投資手法を紹介し、その情報価値で利益を得ます。でも、その投資手法を実現するには物件が出ることが不可欠です。

そこで、その塾に適合するような物件を出す、そんな業者がバックにつくのですね。塾としては「大家デビュー」という結果を出せる。業者としても、塾の教えに乗るような物件が売れてうれしいのですから、Ｗｉｎ‐Ｗｉｎでしょう。

もし、**あなたが不動産投資の塾を利用したいなら、このような側面があることを理解し、盲信的になったとしても、「ついていきたい！」と思えるような塾を利用することをお勧めします。**また、軽いサポートだけで、判断については「最後はあなた！」くらいの自主性を残してくれるところならば、自分の意見が入るので安心です。

「投資塾は高額かつ盲信的にならざるを得ない面がある。入る際には慎重に！」

54 不動産投資コンサルタントの実態

一口に「不動産コンサルタント」と言ってもレベルはまちまち

「不動産投資コンサルタント」。なんだかすごいプロのように感じる響きですね。「コンサルタント」と聞くと、一般的には「○○総研」とか、「○○アンド・カンパニー」のような経営コンサルティング会社やシンクタンクをイメージする方が多いようです。いずれも、東大や京大、海外有名大学出身の優秀な人物たちが活躍しています。

横文字の名前もカッコいいです。「アナリスト」とか「アドバイザー」も同じ雰囲気を感じます。こんな名前がついていると、「何やっているのかわからないけれど、その分野のすごい専門家」のように感じてしまう方もいるのではないでしょうか。

では、不動産投資コンサルタントに関してはどうでしょうか。不動産の世界を知り尽くして、自分も投資をやっていて成功していて、様々な手法に精通する。そんなスーパーマンを想像される方もいるでしょう。

しかし、巷に溢れるカリスマ大家さん、不動産コンサルタントはそんな特別な人ではありません。コンサルタントを標榜している方は、**「投資用不動産の大家」**を大前提として、「業者として販売・管理」「金融機関」「鑑定士や建築士など、不動産系の有資格者」という経験者が多いです。ちなみに、私のように財閥系のデベロッパー出身で総合的な不動産経験があって不動産投資コンサルタントをやっている人間は、２０１５年現在ではほとんど見たことがありません。

このように、投資用不動産と他の専門分野を経験してコンサルタントになっている方もいれば、「投資用不動産の大家」を経験しただけでコンサルタントを標榜している方もいます。

私は、「業界社員を経験していない方はコンサルタントをやるべきではない」ということを言うつもりはありません。

しかし、一般の方がイメージする「特定分野のスペシャリスト・専門家・アドバイザー」という意味での「コンサルタント」になるならば、**プロ並みかそれ以上の不動産関係知識が必要なのではないか**と思っています。

大家をやるだけで不動産事業の流れがある程度わかるなら、それは素晴らしいことです。極論を言えば、日本の財閥系デベロッパーを「超大規模大家」と言い換えることもできます。そういう意味では大規模に大家業をしていれば、プロのレベルに近づけるのかもしれません。

▼悪いコンサルタントの例

一方で、そこまでの大規模大家業ができている方、業者としてたくさんの事例に触れて豊富な知識を持っている方と比べて、明らかに劣っているようなコンサルタントも多く見受けられます。もっとも、コンサルタントだけでなく、業者でも知識があまりない方はたくさんいますが。

そんな方は、一体どうやってお客様にアドバイスをするのかと言いますと、自分の成功パターンしか話せないのです。自分が経験していないことは、噂レベルでしか聞いていないので話せません。

「不動産投資は大規模地方中古RCを個人融資で狙え！」
「築古木造で高利回り物件を狙え！」
「新築物件で安定した利益を狙え！」

以上のような**「1つの手法」しか話せない方は、これは業者にも共通することですが、多くのお客様の多様な投資観にお応えすることは難しいでしょう。**もちろん、得意分野として磨いていくには良いかもしれませんが、あまりに磨きすぎると「うちはこの手法しかお教えできません」ということにもなりかねません。

これでは、不動産投資コンサルタントではなく、築古木造不動産投資コンサルタントや、地方大規模RC不動産投資コンサルタントです。得意パターンにはまる方ならば良いでしょうが、そうでない方には満足度が低い内容になってしまうこともあります。

不動産投資コンサルタントの中には、残念ながら不動産投資に精通し尽くした専門家だけではなく、**「不動産投資をある程度やって、自分の投資手法を紹介して情報料をもらう人」だけになっている方が一定数いる**ことは事実です。

特定の金融機関を利用する方法しか提案できない、特定の物件種別のものしか提案できない、お客様の目標に合った手段よりも自分が成功した手法や得意な手法を勧めるなど、不動産投資塾と同じようなビジネススキームを持っている方もいます。

また、そのようなコンサルタントには、前項でお話しした不動産投資塾と同じように、タイアップの業者がつくことがあります。不動産投資塾編ではあえて書きませんでしたが、ここで書きます。

業者からバックマージンをもらっているコンサルタントも

不動産投資塾やコンサルタントの中には、業者からバックマージンをもらっている例があります。もちろん、不動産会社によっては、社内規定で友人知人を紹介して、その方が物件を購入すれば1物件あたり○○万円ですとか、仲介手数料の○%を払う、などの規定がある場合もあります。

このように合意された協力費用ではなく、仲介手数料相当分などのマージンを自ら業者に請求していたりする場合は、懸念すべき状況です。

その請求を飲む業者は、「ある程度の手数料を払ったとしても、物件を売ってほしい」と思っています。これは、「本当は両手の手数料（価格の3％＋6万円を買主、売主両方からもらう）を取りたいが、片手でもいいから売ってしまいたい」という業者に対する心情に非常によく似ています。

つまり、**コンサルタントが業者としての側面を持ってしまっている**ことになります。これにより、お客様の方向を向いたコンサルティングを行うというより、業者側の営業マンのような立ち位置で営業を行うようになるコンサルタントもいます。

そうなると、その業者の物件を売って、バックマージンをもらうのが主眼になってしまう、お客様の方向を向いていないコンサルタントや塾が出来上がります。

これが普通の業者と比べて良くないと思うのは、業者は利益構造もわかりやすく、思惑も見えやすく、それに対応したおつきあいを予測できます。しかし、「コンサルタントとしてお客様の利益第一で第三者的な意見で中立に見ますよ」という建前を見せつつ、実態はお客様の利益よりも業者の営業マン的な立ち位置という、信頼させておいて実態は違うというのは、悪質だと思います。これと同じく、本当は不動産業者なのにそれを隠して、中立なコンサルタントのようにふるまう業者も、お客様に錯誤をさせるという意味において、悪質だと思います。

私は、報酬を受け取ること自体は悪いとは思いません。どんなビジネスをしようが、違法でなければお互いの納得するところの報酬が発生するのは、商行為としては当たり前の姿でしょう。しかし、それをお客様が知るように情報提供しないと、いざ高額な入塾料やコンサルティング料を支払った後で、問題に発展しかねません。

どうか、目先の儲けや甘い話にとらわれず、**「自分はどうして投資をするのか?」「いつまでにいくらを不動産投資で達成するのか?」「その背後にある目的は何か?」「どこまでのリスクを許容できるのか?」**などの希望をしっかりと考え、目標を投資の軸に据えてください。

誰の成功談でもない、あなたの不動産投資の成功をイメージして想定し、その上で各種セミナーや塾・コンサルタントとの面談に臨んでください。

私たちコンサルタントは「どんな投資ができるか」というよりも、本来的には「**お客様**

の希望を叶える投資をどのように構築するか」という点に終始すべきだと思っています。

そのためには、様々な不動産知識に精通し、人脈を持ち、自分の経験だけに留まらないノウハウを提供できないといけません。

みなさまにおかれましては、**塾やコンサルタントを利用されようとしているならば、その営業方法やどのように利益を得ているかなども、気にされるとよろしいかと思います。**

「**投資塾・コンサルタントにはレベルの低い人もいる。業者の隠れ蓑となる場合もある。実際の営業手法などをよく確認しよう!**」

55 投資家同士の横のつながりは必要か？

▼不動産投資家の集まりから得られるものはなし

結論から言ってしまいますが、私は**「不動産投資に仲間はいらない」**と考えています。互いを高め合うビジネスパートナーは必要ですが、同じ土俵に立っている「仲間」という存在は、「自己責任の原則」が強い投資分野においては、必要ではないという考えです。

有益な情報を貰う、最新の投資事情を把握する、といったことはビジネスパートナーからの情報で十分です。むしろ、**利害が競合しないビジネスパートナーだからこそ、投資情報に関して、誠実に本当のところを話せる**のだと思います。

「仲間」という言葉は、辞書的な意味では「一緒に物事をする間柄。また、その人」「地位・職業など同じ人々」「同じ種類のもの。同類」という意味で書かれています。「同じ目標を掲げて一緒に目標達成のために頑張る」というような意味合いが強いです。

そういう意味において、不動産投資仲間とは、果たして同じ目標を持てるものでしょうか。確かに、表面的には「年間キャッシュフロー1000万円」などの目標が同じでも、その背後にある目的は一人ひとり違うものです。そのため、まったく同じ目標になるということは考え難いので、「同じ目標達成のために頑張る仲間」というのは成立しにくいです。

「○○大家の会」などの組織がたくさんあります。そのような会には投資家仲間との名刺交換などの交流イベントもありますが、結論から言って私がその組織から得られたものは何もありませんでした。プロから見て明らかに遅れた内容が蔓延し、あるいは一部の人の成功を崇め奉る集まりと化し、自分のノウハウ以上の知識が得られたことはありませんでした。

これは、私が特殊な立場の人間だったからでしょうか。いや、そうでもありません。私のお客様でも、あまり行かなくなったという方は何名もいます。

投資とは孤独なもの

もしみなさまが大家の会に参加をしたいならば、**「正しいかわからないけど、とりあえず情報を得る」**くらいの意識でいたほうが良いと思います。もしくは、「共通の趣味を持つ飲み仲間を作る」くらいの方が気楽で良いかもしれません。

やはり、**投資という行為はどこまで行っても孤独**であり、「自己責任の原則」からは逃れられません。自分の決断は誰のせいにもできないし、誰も責任を取ってはくれません。ビジネスパートナーや情報提供者は利害関係によりつながっており、ビジネスにおいてはそれが一番信頼できます。

投資仲間の友達ができて、「こういう物件が良いよ」「こういうリフォームが良いよ」「こういう募集の仕方が良いよ」などの情報をくれるとしましょう。しかし、その案を採用して責任を持つのは自分です。

「あなたから教えてもらった条件の物件を買ったけれど、まったく入客が決まらないんだけど」

と友人に言ったところで、その友人は何も責任を負いません。

投資家は、言うなれば1つの企業の経営者と同じです。**成功を得るための覚悟と同時に、何か失敗したときの責任も負うのが経営者**です。会社員の同僚や、大学の同期など、所属や階級があるような世界とは違います。

▼最後に頼るべきは自分の判断

よく、利害関係のない他人が「良い情報を教えてもらっているけど買う?」「投資に役立つ情報を教えてもらっている」「皆が儲かっているチームとつながっている」などと言うことがありますが、それは危険な行為であると自覚した方がいいです。

それは、集団や特定の他人を信じて、一番大事な自分の決断を鈍らせてしまっているからです。株など相場商品ではもっと顕著ですが、「**投資家であるからこそ、仲間を作らずに孤独であるべきだ**」という論理は、間違っていないと思います。1人では不安ならば、信頼できるビジネスパートナーを、金銭関係により持てば良いのです。

あなたは不動産投資の仲間を、何のために求めるのでしょうか。不安な心を話し合ったり、これからの投資のことについて四方《よも》山話《やまばなし》をするくらいなら、孤独に打ち勝って、自己責任から逃げずに、投資と向き合ってください。

ただ、プロと言っても、ここまでの章で書いたように、実力が伴っていないプロもいます。不動産投資の世界は、不動産業界を経験している方でもわからないことが多いですし、額も大きいのでプロでも自分がやるには二の足を踏む方も多いです。実際に不動産投資関係の社員で、自分も投資をしているという方は、私の所感では半分もいないです。やっていても、「1戸だけ区分を持っています」という方が多いです。

なので、プロだからと言って盲信してしまうことは危険だと思います。プロでさえ二の足を踏む投資をやろうとするのですから、**最後に信じられる「自分の決断」を磨きつつ、「本当に信頼できるプロ」のアドバイスを得ながら、投資を行うことが必要です。**

「投資に仲間はいらない。必要なのはビジネスパートナーと、己の判断のみ！」

おわりに

本書を最後までお読みいただきまして、ありがとうございました。乱文・長文も多かったと思いますが、私なりにこれまでの不動産投資本では書かれなかった情報を書いたつもりです。

こういった本を書いておきながら矛盾するかもしれませんが、本を何冊読んでも、セミナーに何回出ても、それだけで安心して不動産投資ができるようになると私は思いません。なぜなら、多くの本やセミナーは「不動産投資をやろう！」という内容に終始しています。たまに「失敗談」などもありますが、非常に限定的であることが多いです。

また、不動産投資の注意点を幅広くカバーする書籍はほとんどなく、ほとんどの書籍やセミナーは、著者や講師の生い立ち説明や投資内容説明があり、「こんな工夫をしました！　それでこんな成功をしました！」「私と同じようにやるにはこうしましょう！」という内容でおしまい。本書は、そんな書籍が多い中で、あえて「罠」「落とし穴」「失敗」にフォーカスしたものにしました。そのため、不動産投資について何も勉強していない方がいきなり1冊目に読むための内容にはなっていません。

成功体験談は1つの知識として吸収するには良いですが、それを確実に「自分でもできる！」「再現性がある！」と思い込んで動くのは危険です。現在の相場、物件状況、融資状況、税の実務などにより、とれる手段や条件は刻一刻と変わっていきます。

業界をまったく知らない個人投資家が、ゼロから始めて前記を常に意識し、情報をアップデートし続けるには、多大な労力・時間・金銭的負担が発生するかと思います。消費税還付は、一番わかりやすい例です。

個人投資家が不動産投資を行うまでには、大体以下のようなプロセスがあります。市販の書籍をすべて読んで、教材も買って、セミナーにもたくさん行って、自分の基準を構築して、問い合わせから業者への訪問、はじめはわからないから色々な物件を見に行く、融資先の開拓をする、などです。

世間的に、不動産投資を行えるような属性の方は、本業でもかなり忙しい方が多いと思います。仕事が終わった後に業者との打ち合わせ、毎日のサイト閲覧、業者メール閲覧、書籍などの読書、週末は物件見学やセミナーなどで1日が終わることも多いでしょう。そのようにして貴重な時間を費やし、家族と過ごしたり趣味を楽しむ時間を我慢して、数カ

おわりに

月〜長い方では年単位で勉強をして、ようやく投資を行うかどうかの入り口に立ちます。その先も常に勉強と実践の日々です。

あなたが不動産投資に対して持っているイメージは、大変多くのことを勉強して、多くの手間をかけながら、苦労して騙されてしまうかもしれない投資をすることでしょうか？恐らく、大部分の方は違うと思います。本業は別として、あくまで不動産投資は副業で、手間を少なくして家賃収入を得たり、相場の歪みを突いて売却益を得たり、という方が多いのではないかと推測します。副業としてとらえるならば、「機会損失」や「時給換算での収入」という視点も必要です。

不動産は比較的手間をかけずに、時給換算の収入を最大化できるという点を魅力に感じているならば、運営中にかける時間だけでなく、はじめに勉強に費やす時間に関しても意識をしたほうが良いです。はじめの勉強時間を減らして成果を出したいのならば、プロのアドバイザーやコンサルタントの力を借りるのが一番の近道だと思います。コンサルタントのノウハウを吸収しながら投資を行うのも、最短で濃密なノウハウを得るために有効だと考えます。時給換算額を最大化するだけではなく、はじめの1棟が特に重要と言われる投資なので、確実にスタートを切りたい方にとっても、コンサルタントのバックアップは有効なはずです（もちろん、信頼できるコンサルタントならば、の話ですが）。

不動産投資を行う際には、「手間を最小限に抑えて、いかに稼ぐか」「確実なスタートを切って軌道に乗せるか」という要素も重要だと思います。

もちろん、自分である程度勉強してはじめてわかることもあるので、無勉強はお勧めしません。でも、「自分ですべてを理解しなくては不動産投資などできない」と思わなくても大丈夫です。お金をかけるだけ、得られる時間もあります。どうか、あなたが不動産投資を行うことで何を実現したいか、時間を何に使いたいか、などを考えてみてください。

そうすると、自分が目指す投資スタイルも見えてくるはずです。もしご不安ならば、弊社の面談サービスをご利用ください。この書籍を読んでいただいた方には、無料面談の権利を差し上げています。額の大きい投資です。どうぞ、拙いコンサルティングですが、あなたのお役に立ててください。


この出会いに感謝して。

2015年8月吉日　株式会社泉和コーポレーション　代表コンサルタント　小林大貴

【著者紹介】

小林大貴（こばやし・だいき）

株式会社泉和コーポレーション　代表コンサルタント
中央大学法学部卒業。大手不動産デベロッパー「住友不動産」総合職出身の不動産投資専門コンサルタント。住友不動産在籍時にはオフィスビル事業・マンション事業・戸建事業・建築管理事業・事業企画などを経験し、在社中から1棟RCを所有。2012年に独立し、「徹底してお客様一人ひとりと向き合うこと」を信条に、個人個人の目標を大切にする不動産コンサルティングを行っている。2013年より不動産投資サイト№1の「不動産投資の楽待」にてコラムを執筆し、総アクセス数30万超を達成。2014年より東京・日本橋にオフィスを出店し、プロのデベロッパーで培った知識と経験を元に自らの投資家目線を合わせた提案を行っている。自身の投資は、売却・購入を織り交ぜながら2015年現在、首都圏のみで4棟40室を所有。1棟RC・重量鉄骨・築古木造・戸建CFなど、過去売却分も含めると運営物件は多岐に渡る。物件での孤独死などの困難を乗り越えながら、現在の投資物件のキャッシュフロー率は全物件通算で7％を超える。

株式会社泉和コーポレーション
http://senwacorp.com/

＊本書に記載した情報や意見によって読者に発生した損害や損失については、
著者、発行者、発行所は一切責任を負いません。投資における最終決定は
ご自身の判断で行ってください。

視覚障害その他の理由で活字のままでこの本を利用出来ない人のために、営利を目的とする場合を除き「録音図書」「点字図書」「拡大図書」等の製作をすることを認めます。その際は著作権者、または、出版社までご連絡ください。

知らないと取り返しがつかない 不動産投資で陥る55のワナ

2015年10月4日　初版発行
2016年4月13日　2刷発行

著　者　小林大貴
発行者　野村直克
発行所　総合法令出版株式会社
〒103-0001　東京都中央区日本橋小伝馬町15-18
ユニゾ小伝馬町ビル9階
電話 03-5623-5121

印刷・製本　中央精版印刷株式会社

落丁・乱丁本はお取替えいたします。
©Daiki Kobayashi 2015 Printed in Japan
ISBN 978-4-86280-471-6
総合法令出版ホームページ　http://www.horei.com/